Psicodrama público na contemporaneidade

CIP-BRASIL. CATALOGAÇÃO NA PUBLICAÇÃO
SINDICATO NACIONAL DOS EDITORES DE LIVROS, RJ

P969

Psicodrama público na contemporaneidade : cenários brasileiros e mundiais / organização Mariângela Pinto da Fonseca Wechsler, Regina Forneaut Monteiro. - São Paulo : Ágora, 2016.
192 p. : il.

Inclui bibliografia
ISBN 978-85-7183-177-3
1. Psicologia. 2. Psicodrama. I. Wechsler, Mariângela Pinto da Fonseca.

15-26806

CDD: 302.4
CDU: 316.6

www.editoraagora.com.br

Psicodrama público na contemporaneidade

CENÁRIOS BRASILEIROS E MUNDIAIS

MARIÂNGELA PINTO DA FONSECA WECHSLER
REGINA FOURNEAUT MONTEIRO
(ORGS.)

EDITORA ÁGORA

PSICODRAMA PÚBLICO NA CONTEMPORANEIDADE
Cenários brasileiros e mundiais

Editora executiva: **Soraia Bini Cury**
Assistente editorial: **Michelle Neris**
Capa: **Alberto Mateus**
Produção editorial, projeto gráfico e diagramação: **Crayon Editorial**
Impressão: **Sumago Gráfica Editorial**

Editora Ágora
Departamento editorial
Rua Itapicuru, 613 — 7º andar
05006-000 — São Paulo — SP
Fone: (11) 3872-3322
Fax: (11) 3872-7476
http://www.editoraagora.com.br
e-mail: agora@editoraagora.com.br

Atendimento ao consumidor
Summus Editorial
Fone: (11) 3865-9890

Vendas por atacado
Fone: (11) 3873-8638
Fax: (11) 3872-7476
e-mail: vendas@summus.com.br

Impresso no Brasil

Sumário

Prefácio

Luís de Moraes Altenfelder Silva Filho

CONSIDERO UM PRIVILÉGIO ESCREVER o prefácio de *Psicodrama público na contemporaneidade – Cenários brasileiros e mundiais*, em que as organizadoras, Mariângela Pinto da Fonseca Wechsler e Regina Fourneaut Monteiro, apresentam os panoramas contemporâneos por meio dos escritos de eminentes e engajados psicodramatistas cujas práticas são voltadas para a clínica indissociada do social. Trata-se de um encontro de gabaritados profissionais, que pertencem a diferentes comunidades, debruçados na busca pela ampliação das vivências do psicodrama, pela elaboração de metodologias contemporâneas. É um livre pensar criativo, acompanhado de ação/intervenção. Nada mais moreniano.

Trata-se de um livro importante para todos os interessados no psicodrama e nas ciências humanas e que nos chama ao compromisso com o outro, com o grupo, com a sociedade e com o cosmo. Fazíamos parte de uma sociedade na qual o compartilhar e a ação grupal eram práticas comuns, mas as transformações geradas pelo capitalismo e pela modernidade nos levaram a um estágio pós-moderno, no qual o homem caminha solitário, ansioso por pertencer a um grupo que o reconheça e lhe traga identidade.

Na contemporaneidade, algumas mudanças acontecem num ritmo frenético e padrões culturais são quebrados: nas artes, na música, nos costumes, nas regras alimentares, nas relações pessoais etc. A comunicação eletrônica quase substitui a relação pessoal, aplicativos eletrônicos promovem encontros, relações amorosas são rompidas por WhatsApp. O ecstasy – um *dopping* da tele moreniana – é usado para "sentir", para dar todo o amor que temos guardado. É comum entrar num restaurante e ver mesas cheias de pessoas comunicando-se não com o parceiro do lado, mas com seu smartphone. A criança é sossegada com um joguinho no iPad e não mais com o aconchego da mãe. A Peppa Pig hipnotiza e fascina o bebê. O homem caminha para um autismo eletrônico, com seu celular substituindo a comunicação pessoal direta. Regride anacronicamente para o isolamento característico do período moderno, mas com a tecnologia de ponta pós-moderna.

Quase tudo é industrializado, empacotado e pronto para o uso. A ração do animal substitui a caça e transforma o ecossistema. Os ossos e os restos animais viram ração e talvez um dia restaurantes sirvam pílulas de divinos sabores, com *sommeliers* que nos façam sentir fragrâncias petrussianas; talvez o brinde vire um costume do passado. As transformações acontecem em ritmo jamais visto e urge a nós acompanhá-las.

Moreno, um homem à frente do seu tempo, um pré-contemporâneo, revolucionário, propôs o estudo do homem sem pinçá-lo de seu meio social, desenvolvendo um método que ia do indivíduo ao grupo e ao social. Segundo ele, "a sociometria é muitas vezes chamada de sociologia do povo, pelo povo e para o povo. O psicodrama é frequentemente chamado de psicoterapia do povo, pelo povo e para o povo" (2006, p. 15).

Ainda na era da modernidade, Jacob Moreno foi um pós-moderno e o psicodrama recebeu desde os tempos de sua criação inúmeras contribuições de estudiosos do mundo inteiro, o que faz dele um método contemporâneo e em constante evolução.

Na década de 1960, o psicodrama chegou efetivamente ao Brasil e, nas palavras de um dos seus pioneiros, o psiquiatra e psicodramatista Antonio Carlos Cesarino (*apud* Motta, 2008, p. 38),

> constituíamos um grupo de psicoterapeutas que queríamos ir além da prática dos consultórios e visávamos atingir a meta básica do psicodrama: a sociedade e suas instituições. E assim aconteceu: o psicodrama quebrou o

tradicional *setting* da terapia entre quatro paredes. Trouxe-o para o ar livre, para o grupo, para o público.

José de Souza Fonseca, inspirado pelas Sessões Abertas ou Psicodrama Público - realizadas por mais de 50 anos por Jacob Levy e Zerka Moreno, em Nova York -, resolveu trazer essa forma de psicodrama público ao Daimon, entidade criada por ele. Então, desde 1984, em São Paulo, às quintas-feiras, lá acontecem sessões de psicodramas públicos. Em março de 2001, em um único dia, foram realizados mais de 150 psicodramas públicos em diversos lugares da cidade, com temática social ligada à vida na cidade, que surgiu da própria população. A partir de 2003, passam a acontecer todos os sábados psicodramas públicos no Centro Cultural São Paulo. E, a partir de maio de 2015, cursam outros psicodramas públicos, também aos sábados, no Centro Cultural Diadema, em parceria com a Federação Brasileira de Psicodrama (Febrap).

Desde então, inúmeros projetos que levam o psicodrama para além das salas de atendimento psicoterápico vêm acontecendo no Brasil e em alguns países, em locais como hospitais psiquiátricos, centros de atenção psicossocial, centros culturais e escolas públicas, não se atendo somente ao atendimento clínico, mas também às demandas sociais, como prevenção de acidentes de trânsito, do uso de álcool e drogas, da violência doméstica e social, de conflitos raciais, catástrofes etc. Mas acredito que necessitamos de muito mais iniciativas que promovam a relação do homem com seu semelhante, com seu grupo familiar e social, com a sociedade e, assim, com a humanidade. O isolamento é uma peste silenciosa.

Barretto (2011) diz que escritos e contribuições pautadas por uma leitura crítica, não compartimentalizada, aliadas ao livre compromisso de ação responsável e com doses de ousadia e de esperança, são, a seu ver, o caminho para a construção do psicodrama do terceiro milênio.

Marineau (1992) escreve que o grande desafio vindouro, lhe parece, será epistemológico: construir e reconstruir sobre as barreiras de Moreno, de forma coerente e sistemática. Contribuições como as contidas neste livro são fundamentais, pois o homem caminha, inadvertidamente, para um isolamento cada vez maior, pelas características das mudanças ocorridas – principalmente na comunicação – e que virão a ocorrer no período pós-moderno. Urgem mudanças, no sentido de o homem conhecer o homem, o homem compartilhar com seu grupo e o grupo, com a sociedade. Dessa forma, acredito que caminharemos para novas formas de encontro.

REFERÊNCIAS BIBLIOGRÁFICAS

Barretto, M. R. M. P. "Da utopia à realização: como sobrevivem as ideias revolucionárias de Moreno". In: Costa, R. P. (org.). *Um homem à frente de seu tempo: o psicodrama de Moreno no século XXI*. São Paulo: Ágora, 2001.

Cesarino, A. C. M. *Psicodrama brasileiro: histórias e memórias*. São Paulo: Ágora, 2008.

Marineau, R. F. *Jacob Levy Moreno1889/1974: pai do psicodrama, da sociometria e da psicoterapia de grupo*. São Paulo: Ágora, 1992.

Moreno, J. L.; Moreno, Z. *Psicodrama: terapia de ação & princípios da prática*. Trad. José de Souza Fonseca e Mello Werneck. São Paulo: Daimon – Centro de Estudos do Relacionamento, 2006.

Motta, J. M. C. (org.). *Psicodrama brasileiro: histórias e memórias*. São Paulo: Ágora, 2008.

Apresentação

Mariângela Pinto da Fonseca Wechsler
Regina Fourneaut Monteiro (Réo)

Em primeiro lugar, agradecemos a todos os autores, nacionais e internacionais, que contribuíram generosamente com suas ideias e reflexões para enriquecer este livro.

A obra que organizamos anteriormente, *Psicodrama em espaços públicos: práticas e reflexões* (2014), estimulou-nos a continuar debruçadas sobre o assunto. No entanto, nossa inspiração – os cenários da contemporaneidade – traz à luz conceituações sobre o que entendemos por contemporâneo, uma vez que esse é um tema necessário a nós, pensadores.

Para nos guiar, escolhemos, sobretudo, o pensador e filósofo Giorgio Agamben, autor do livro *O que é contemporâneo? e outros ensaios* (2009). Outros autores também foram nossos companheiros na compreensão das formas de ser e estar no mundo ao focalizar a modernidade para mostrar os deslocamentos e rompimentos que se processaram ou ainda estão ocorrendo, uma vez que as grandes produções da modernidade são um parâmetro para a contemporaneidade, entre eles: Bauman (1999), Fridman (2000), Henningen (2007), Kumar (1999), Lyotard (2004), Mariuzzo (2010), Pereira (2011), Santos (2001), Taschner (1999) e Veiga-Neto (1999).

Concordamos com Henningen (2007, p. 192), que afirma não ser possível

> encerrar a compreensão da contemporaneidade em um conceito, sendo mais pertinente descrevê-la como um conjunto de condições que produzem

e são produzidas por uma ampla gama de processos – sociais, culturais, econômicos, tecnológicos etc.

Veiga-Neto (1999) nos conduz a pensar a contemporaneidade como um cenário em que os processos acontecem, sendo os processos e o cenário indissociáveis e extremamente conectados. Henningen (2007, p. 192), dando continuidade a esse pensamento, traça um paralelo com o teatro e nos mostra que "os acontecimentos em cena ganham certas significações em função do cenário e, ao mesmo tempo, o cenário vai adquirindo significados à medida que a trama desenrola-se". Dessa maneira, os processos sociais, culturais, políticos, econômicos, tecnológicos etc., ao se interconectarem, produzem cenários e ganham significações, assim como os próprios cenários vão adquirindo significados com base no desenvolvimento das tramas e dos dramas.

Tendo em vista a impossibilidade de esgotar o conceito de contemporaneidade, Lyotard, em 1979, cria o conceito de pós-modernidade para situar os deslocamentos e rompimentos que se processaram na modernidade até meados do século XX. No entanto, essas discussões não são consenso entre os estudiosos, visto que Kumar (1999) nos pontua que o "pós" de pós-modernidade pode tanto significar o que vem depois, em uma experiência de tempo linear, quanto conduzir de volta a uma reflexão sobre as vivências da modernidade.

A modernidade é iniciada por Decartes (1596-1650), Hume (1711-1776), Kant (1724-1804) e os racionalistas que se esforçaram, intelectualmente, na busca de uma ciência objetiva, de uma moralidade e de leis universais, valorizando as experiências individuais de contato com o mundo. Segundo Pereira (2011), mesmo com o Romantismo, surgido após o Iluminismo, rompendo as ideias de um ser racional e propondo um ser passional e sensível, o ser humano continuava cada vez mais individualista, sobretudo devido ao desenvolvimento da era industrial. Tais ideias, baseadas na faculdade racional e nos direitos universais, refletiram-se nos ideais da Revolução Francesa – liberdade, igualdade e fraternidade. Os ideais não puderam ser alcançados, pois a racionalidade e a sensibilidade, acrescidas de premissas generalizáveis (Veiga-Neto, 1999), não garantiram sua implementação e os interesses particulares acabaram predominando, levando a guerras e conflitos.

Ora, como controlar as subjetividades fora da ordem vigente? Goffman, referendando Foucault, já nos anunciava a importância dos dispositivos quando escreveu o livro *Manicômios, prisões e conventos* (1961), no qual denunciava que o controle consiste em domesticar e disciplinar o comportamento do ser humano. Agamben resgata o termo "dispositivo" usado por Foucault, ampliando seu conceito com brilhantismo. Dispositivo, então, seria "qualquer coisa que tenha de algum modo a capacidade de capturar, orientar, determinar, interceptar, modelar, controlar e assegurar os gestos, as condutas, as opiniões e os discursos dos seres viventes" (2009, p. 12). No entanto, o autor amplia seu conceito e "o eleva à categoria fundamental para a compreensão do mecanismo político contemporâneo" (idem), ao buscar a genealogia do termo *dispositio*, do latim, usado pelos padres da Idade Média, período em que se iniciou a divisão entre Ser e Ação, ontologia e práxis, por intermédio da ideia de um Deus uno quanto ao seu Ser, mas tríplice (santíssima trindade) quanto à sua Ação, quanto ao modo de administrar sua casa, sua vida e o mundo que criou: um Deus no céu que tudo vê, controla, pune e é transcendente; e um Deus na terra que administra (Wechsler, *apud* Agamben, 2009). Pensamos que essa divisão entre Ser e Ação é fundante e cara, sobretudo para nós, psicodramatistas, que trabalhamos com sujeitos e grupos.

Além de a modernidade ter sido marcada pelos mecanismos de repressão disciplinares, segundo Pereira (2011, p. 23),

> as constantes mudanças modernas proporcionaram ao ser humano experiências múltiplas de perdas de referências coletivas e construíram vivências privatizadas intensas, sustentadas pelo capitalismo crescente e pelo surgimento da ciência psicológica [...] privatizando fortemente a subjetividade humana.

Dessa maneira, um desinteresse pelo coletivo, uma apatia a tudo que diga respeito ao mundo público e uma exaltação do indivíduo são marcas da modernidade, com uma subjetividade privada sendo construída durante os últimos três séculos.

A pós-modernidade é marcada por esse processo de privatização de subjetividade, pela constatação do poder veiculado pelo controle dos dispositivos, mas, sobretudo, pelo fim da utopia racionalista, seja ela técnica ou científica (Santos, 2001), visto que se verificou o fracasso da modernidade pela história do século XX e de suas guerras e se constatou a fragilidade dos sistemas filosóficos explicativos. Ainda tentando compreender a subjetividade contemporânea, Fridman (2000) assinala que as profundas mudanças ocorridas no cenário mundial nos últimos anos, quer sejam na cultura, no trabalho, na globalização ou na ordem pós-moderna, geraram grande ansiedade nos indivíduos. Segundo Taschner (1999), Lyotard e Baudrillard são os nomes mais vinculados à ideia de pós-modernidade, visto que o primeiro destaca o fracasso da racionalidade, propondo causas, e o segundo pontua que vivemos num mundo de simulacros, da hiper-realidade, em que as fronteiras entre realidade e fantasia perderam os contornos, surgindo como efeito a falta de referência do vivido.

Segundo Bauman (1999), o sentido transitório, efêmero e descartável é a marca dos tempos pós-modernos, pois a sociedade sólida virou líquida, a aceleração chegou ao limite, o princípio do prazer é a tônica e os indivíduos são convocados a colecionar experiências e sensações, como mercadorias a ser consumidas. A mídia tem um papel ativo nesse processo de subjetivação e, embora todos sejam confrontados com a lógica do consumo, nem todos podem ser consumidores, pois as mesmas situações globais produzem efeitos diferentes. Nesse sentido, a produção de conhecimento, como nos chama a atenção Boaventura de Souza Santos (2001), é sempre local, dentro de um contexto.

Mariuzzo (2010), citando Olgária Matos (2009), diz que, pela comunicação extremamente rápida e pela busca de novas tecnologias e não de ideias e valores, inaugura-se o tempo do presente plano, contínuo, da eterna repetição e da monotonia, sem desdobramentos para o futuro. Assim, as questões do tempo e do espaço perdem seus limites e significações, pois, se não há resistência no espaço, não há duração e, dessa maneira, não há tempo para a experiência da interioridade e não há pertencimento simbólico. "Voltou o mundo hobbesiano, da guerra de todos contra todos. Permanecer vivo é obra do acaso, o que se atesta pela criminalidade urbana e pelo terrorismo" (Mariuzzo, 2010, p. 3).

E qual a contribuição de Agamben para o que é ser contemporâneo? O que nos levou a colocá-lo como nossa fonte inspiradora? Para responder à primeira pergunta, podemos dizer que o autor recoloca a questão de outra maneira: "De quem e do que somos contemporâneos?" (2009, p. 57). O significado do que é ser contemporâneo responderá à nossa segunda questão.

Sua citação (ibidem, p. 58-59) nos ajuda na compreensão:

> Pertence verdadeiramente ao seu tempo, é verdadeiramente contemporâneo, aquele que não coincide perfeitamente com este, nem está adequado às suas pretensões e é, portanto, nesse sentido, inatual, mas exatamente por isso, exatamente através desse deslocamento e desse anacronismo, ele é capaz, mais do que os outros, de perceber e apreender o seu tempo.

Assim, a contemporaneidade é uma relação singular com o próprio tempo, próxima e distante simultaneamente. Seguindo adiante, só é possível apreender essa obscuridade, essas "trevas do presente", esse invisível se estivermos num campo relaxado, condição *sine qua non* para a assertividade da metodologia socionômica. Agamben (2009) ainda pontua que a habilidade particular para descortinar as trevas do presente seria a possibilidade de neutralizar as luzes que provêm da época e, ainda, não são separáveis do escuro especial. Não se deve deixar cegar-se pelas luzes do século e, sim, distinguir nelas a parte da sombra. Torna-se necessário, então, reconhecer nas trevas do presente a luz que as envolve – embora ela nunca consiga nos alcançar, estando permanentemente "em viagem até nós" (Agamben, ibidem, p. 66). Esse processo não cessa, ele é o próprio devir!

Portanto, nosso compromisso é com essa relação singular com o próprio tempo. Ser contemporâneo é uma questão de coragem e exige uma intempestividade, uma urgência que ocorre no próprio tempo cronológico e o transforma, colocando em ação uma relação especial entre os tempos e as gerações. O tempo cronológico traz a própria história, assim como a criança continua viva na vida psíquica do adulto e o "aqui e agora" moreniano, com seu *locus nascendi*, *status nascendi* e *matrix*, traz à tona a história do sujeito.

Dessa maneira, essa fonte inspiradora nos ajuda a resgatar a nossa potência como psicodramatistas contemporâneos, a qual, ao nos debruçarmos em trabalhos públicos, numa proximidade íntima com as urgências que se apresentam no "aqui e agora", nos permite tornarmos cidadãos políticos, agentes de transformações.

Quais os cenários da contemporaneidade aqui apresentados?

Este livro se inicia com um artigo de Ronaldo Pamplona da Costa, que ilumina o percurso do psicodrama desde as praças de Viena às ruas de São Paulo, dando visibilidade, por intermédio de *13 atos*, à história de projetos psicodramáticos brasileiros que têm como protagonistas as demandas sociais, sobretudo as relacionadas à sexualidade. Ele nos conta sua iniciativa de aproveitar dispositivos contemporâneos – por exemplo, a TV – como mídia, a serviço de iluminar as sombras da nossa época, facilitando a tomada de consciência sobre a sexualidade humana.

No texto seguinte, Anna Maria Knobel e Camila Salles Gonçalves nos mostram o método Vagas Estrelas, criado pelo grupo de mesmo nome, em 1995, integrando cinema, vídeo, música, teatro e psicodrama. Ao encenar temas contemporâneos como um *iniciador estético teatral* – por exemplo, o roteiro criado a partir do golpe militar brasileiro de 1964 –, o grupo dispara na plateia possibilidades de identificação com os personagens. Por intermédio do trabalho dramático desdobrado, as cenas se encadeiam posteriormente, viabilizando o coconsciente e coinconsciente do grupo e facilitando, dessa maneira, a vivência catártica dos sujeitos e os novos processos de subjetivação.

Carlos A. S. Borba nos conta a história do movimento contemporâneo internacional dos direitos homossexuais desde seu nascimento. Ele o contextualiza no Brasil e exemplifica a exclusão e a discriminação sofrida pelos homossexuais, ainda vistos como doentes e seres repulsivos. Demonstra que o método do Grupo Vagas Estrelas é uma das possibilidades de transformação dessa mentalidade contemporânea, abrindo espaços em diversas instituições de ensino e de saúde.

O artigo de Pedro Mascarenhas nos fala sobre o racismo e a tríade cruel que o caracteriza: a exclusão, o ódio e a própria eliminação do sujeito, paralisando o processo de conhecimento e de criação. Alargando o campo de reflexão, inclui outras situações de desumanização, como guerras, torturas e traumas coletivos da nossa contemporaneidade, e foca no método da Multiplicação Dramática.

Mario Buchbinder versa sobre sua pesquisa com máscaras, a qual resultou em 1978, com Elina Matoso, em um método singular, expressivo e teatral, denominado Mascarada, pontuando-o como um dispositivo que gera elaboração, desmascaramento, criatividade e espetáculo. Ele enfatiza a inter-relação entre público e privado, entre geral e particular, e nos abre caminhos para questionarmos o papel de diretor/coordenador de psicodrama na contemporaneidade, o qual, com sua escuta, pode facilitar a organização da fantasia e da realidade nas cenas ontológicas, destacando as máscaras como reveladoras de um ser como, ao mesmo tempo, semblante e mito, linguagem poética e corporal.

Ângelo Borim e Moysés Aguiar também nos apresentam sua perspectiva metodológica, caracterizada pelo Teatro-Debate (TD): um dispositivo que permite a explicitação de temas e reflexões sobre a contemporaneidade por intermédio de diálogos cênicos entre elementos do grupo. As relações horizontais dão o tom para a autonomia grupal, fugindo de ideologias predeterminadas nas quais o poder pode circular.

María Carmen Bello (Yuyo) nos conta sobre as gotas de transformação transportadas pelos colibris, as quais significam nossos trabalhos públicos que tentam apagar o silêncio e a indiferença naturalizada, diante dos incêndios desastrosos que atravessam os povos da América e do mundo. A autora utiliza como exemplos os sociodramas públicos simultâneos da América Latina no México e outros trabalhos sintônicos com os acontecimentos do cotidiano mexicano. Esses são espaços de interlocução com o silêncio e com a falta de afetação coletiva, efeitos de patologias disruptivas sociais, como a violência social, o feminicídio, o narcotráfico etc., que podem ser acolhidos e transformados em direção a um novo processo de subjetivação, no qual as marcas sejam a esperança e a corresponsabilidade.

Ursula Hauser traz, por intermédio da prática apresentada, os conflitos étnicos contemporâneos vividos em Gaza, cujos expoentes são sofrimento, raiva, perdas e lutos diante da relação entre os povos que polarizam o poder e seus reféns – israelenses e palestinos. Questiona a necessidade de tomada de consciência das subjetividades pelo psicoterapeuta, quer psicanalista quer psicodramatista, para poder construir um campo de trabalho ético no qual as ideologias políticas e culturais sejam mapeadas e subjetivadas para sair da armadilha de se colocar um peso equivocado na neurose ou na sociodinâmica grupal, pois as travessias dos processos de subjetivação, dos efeitos dos dispositivos e da naturalização precisam ser visíveis.

Mariângela Pinto da Fonseca Wechsler e Regina Fourneaut Monteiro (Réo) nos mostram, por intermédio da prática realizada no Centro Cultural São Paulo, as trevas do presente, ou o invisível da contemporaneidade, focando na possibilidade de neutralizar as luzes que provêm da nossa época por meio da leitura e do manejo da prática socionômica. O sociodrama realizado iluminou as ideologias grupais visíveis e invisíveis – disputas, competição, poder e subjetividades privatizadas – em busca de uma potência nunca alcançada, demonstrando o sofrimento e a dor do privado e do público em um momento que antecedia as eleições presidenciais brasileiras de 2014. As autoras dão ênfase ao campo lúdico, articulando Ser e Ação e tendo como efeitos ações espontâneas e criativas, que possibilitaram novos processos de subjetivação. Pontuam a importância de as transformações se iniciarem na própria subjetividade do diretor, condição que facilita a produção da multiplicidade de sentidos.

André Dedomenico nos conta sobre uma vivência/reflexão ocorrida também no Centro Cultural São Paulo, na qual o foco foi uma experimentação socionômica que conduziu a uma leitura metodológica, tentando escapar dos dispositivos que controlam, determinam e nomeiam poderes. O psicodramatista enfatiza as cenas espontâneas que brotaram do grupo e discute as intersecções entre grupo e grupalidade na contemporaneidade.

Georgia Vassimon nos apresenta vários locais nos quais o psicodramatista pode atuar: hospitais, unidades de saúde, escolas, abrigos, creches, praças, cidades, debaixo de pontes, parques, secretarias, centros culturais, enfim, lugares onde a vida social flua. O texto lembra que, em todos os lócus, os grupos produzem encontros que nos convidam a pensar sobre aquilo que geramos e nossa corresponsabilidade diante das escolhas que estamos fazendo na vida, as cenas, diálogos e histórias que estamos reproduzindo, como e para que nos expressamos, como nos silenciamos etc.

Para finalizar, Leandra Perrotta relata a importância do psicodrama transgeracional. Com base em uma experiência de psicodrama público no Brasil, a autora italiana tece os rituais oníricos que facilitam um encontro psicodramático com os ancestrais, contando-nos que podemos tomar consciência sobre os padrões invisíveis de lealdade e a consequente necessidade de reparação, para assim lidarmos com situações não resolvidas dos antepassados. Sendo o Brasil um país fortemente marcado por imigrações, poder focar nas trevas que persistem no "aqui e agora" dos descendentes dos imigrantes é fazer acontecer a luz que pode envolvê-la e, nesse sentido, transformar o estrangeiro em um cidadão com raízes na nova pátria.

Dessa maneira, desejamos que cada leitor possa tecer suas considerações singulares em meio às trevas que continuam existindo neste luminoso focado por nós. E que, neste percurso incessante, possa encontrar as sombras de nossa época a serviço das transformações necessárias.

REFERÊNCIAS BIBLIOGRÁFICAS

Agamben, G. *O que é contemporâneo? e outros ensaios*. Chapecó: Argos, 2009.

Bauman, Z. *Globalização: as consequências humanas*. Rio de Janeiro: Zahar, 1999.

Fridman, L. C. *Vertigens pós-modernas: configurações institucionais contemporâneas*. Rio de Janeiro: Relume/Dumará, 2000.

Goffman, E. *Manicômios, prisões e conventos*. Trad. Dante Moreira Leite. São Paulo: Perspectiva, 1961. (Coleção Debates)

Henningen, I. "A contemporaneidade e as novas perspectivas para a produção de conhecimentos". *Cadernos de Educação*, n. 29, Pelotas (FAE/PPGE/UFPel), jul.-dez. 2007, p. 191-208.

Kumar, K. *Da sociedade pós-industrial à pós-moderna: novas teorias sobre o mundo contemporâneo*. Rio de Janeiro: Zahar, 1999.

Lyotard, J. F. *A condição pós-moderna*. São Paulo: José Olympio, 2004.

Mariuzzo, P. "O que é ser contemporâneo". *Luz: revista eletrônica da CPFL Cultura*, n. 1, Campinas, 2010. Disponível em: <http://www.ebah.com.br/content/ABAAAenUYAI/que-ser-contemporaneo>. Acesso em: 10 jun. 2015.

Pereira, A. H. *O psicodrama e o imaginário contemporâneo*. Curitiba: Juruá, 2011.

Santos, B. de S. "Dilemas do nosso tempo: globalização, multiculturalismo e conhecimento". *Educação & Realidade,* v. 1, n. 26, jan.-jun. 2001, Porto Alegre, p. 13-32.

Taschner, G. B. "A pós-modernidade e a sociologia". *Revista USP*, n. 42, São Paulo, 1999, p. 6-19.

Veiga-Neto, A. "Ciência e pós-modernidade". In: Lazzarotto, V. A. *Teoria e história da ciência: intercâmbio latino-americano*. Caxias do Sul: UCS, 1999, p. 53-65.

Wechsler, M. P. F. "Preço e/ou apreço – Jornal Vivo como dispositivo ou contradispositivo?" In: Wechsler, M. P. F.; Monteiro, R. F. (orgs.). *Psicodrama em espaços públicos: práticas e reflexões*. São Paulo: Ágora, 2014, p. 77.

1. O percurso do psicodrama: das praças de Viena às ruas de São Paulo

Ronaldo Pamplona da Costa

ATO 1 – JACOB LEVY MORENO

JACOB LEVY MORENO, MÉDICO romeno, nasceu em 1889. Estudou Medicina em Viena, onde viveu desde os 5 anos, e formou-se em 1917. Durante o curso de Medicina, participou de várias atividades sociais: fazia jogos de improviso com crianças nos jardins de Viena; foi assistente de um médico venereologista; utilizou também técnicas grupais com prostitutas para conscientizá-las de sua situação social; trabalhou num campo de refugiados tiroleses, onde observava as interações entre os elementos do grupo do ponto de vista psicológico.

Quando terminou o curso, sua inclinação maior era para o teatro, área na qual via possibilidades para a investigação da espontaneidade. Fundou, em 1921, o Teatro Vienense da Espontaneidade, onde por algum tempo trabalhou a improvisação com um grupo de atores. Seu interesse pelo teatro não era algo isolado. Desde o início do século XX, vários autores – como Stanislavski, Pirandello e Bertolt Brecht – pesquisavam essa forma de expressão cultural.

Moreno também tinha interesse pela psiquiatria e frequentava a clínica do professor Otto Potzl. Nessa época, Freud trabalhava na mesma faculdade, onde estava desenvolvendo seus conceitos da psicanálise. A nova área de conhecimento, entretanto, não despertou a atenção de Moreno.

Com a evolução do trabalho do teatro da espontaneidade, passou a observar mudanças de comportamento em seus atores e correlacioná-las com as cenas por eles improvisadas. O psicodrama foi criado com base nessas observações. O teatro da espontaneidade transformou-se no teatro terapêutico e este no psicodrama terapêutico, incluídos o psicodrama de casal e o de família.

Em 1925, Moreno emigrou para os Estados Unidos. Em Nova York, passou a apresentar psicodramas públicos no Carnegie Hall. Começou, também, a mostrar seu método em escolas, universidades, hospitais, outros teatros e locais públicos. Teve contato com muitos serviços psiquiátricos e psicológicos.

Em 1936, mudou-se para Beacon, a 90 quilômetros de Nova York, onde criou um teatro adaptado para psicodrama, fazendo sessões públicas e abertas. Em seguida, abriu uma clínica psiquiátrica na qual atendia pacientes com o método, sempre acompanhados por seus familiares. Criou, também, um curso de psicodrama e passou a receber para formação alunos do mundo todo que se hospedavam em Beacon House (Gonçalves, Wolff e Almeida, 1988).

Em 1935, Moreno realizou o primeiro filme (mudo) psicodramático – *Treinamento de uma garçonete* – e o apresentou na Associação Psiquiátrica Americana em Washington, DC (Psicodrama – 1972). Desenvolveu uma metodologia para produzir filmes terapêuticos – tipo de realização cinematográfica cujo objetivo é o tratamento de pessoas – utilizando como protagonistas pessoas que forneciam a história, apareciam em papéis coadjuvantes e, assim, não se identificavam.

Realizou um filme sobre técnicas de psicodrama e outro com pacientes de um hospital psiquiátrico da Califórnia sobre a alta hospitalar, cujo protagonista foi um paciente. Utilizou, também, ao longo dos anos, videoteipe em Beacon. Em 1942, foi aos estúdios de televisão da Columbia Broadcasting System presenciar transmissões de TV e escreveu um projeto para realizar psicodramas na TV.

A partir de 1950, Moreno começa a viajar pelo mundo. Realiza, em Paris, um psicodrama público no 1º Congresso Mundial de Psiquiatria (Marineau, 1992) e, na mesma ocasião, um filme sobre psicodrama de casal. Congressos mundiais de psicodrama foram realizados nas cidades de Milão (Itália), Barcelona (Espanha), Buenos Aires (Argentina), São Paulo (Brasil), Amsterdã (Holanda), Tóquio (Japão) e Zurique (Suíça). Em alguns deles, Moreno e sua esposa, Zerka Moreno, realizaram psicodramas públicos (Borba, 1993).

ATO 2 – MEU ENCONTRO COM O PSICODRAMA DE BERMÚDEZ

Cresci ouvindo histórias de meu avô, que residia nos Açores, Portugal, e durante 50 anos foi um homem de teatro, onde fez de tudo, desde interpretar personagens até dirigir várias peças. Residindo em Londrina, Paraná, eu ia ao cinema e, de vez em quando, ao teatro, que era aquilo de que mais gostava.

Fiz meu curso de Medicina na década de 1960 (1961-66), e durante três anos fiz residência em Clínica Médica na Faculdade Federal do Paraná, em Curitiba. Sempre desejei estudar psiquiatria e queria me submeter à psicoterapia. Entretanto, no Brasil, naquela época, só existia psicanálise em São Paulo e no Rio de Janeiro. A psiquiatria ainda engatinhava, era muito primária nos hospitais psiquiátricos. As terapias à disposição eram a eletrochoqueterapia, o choque insulínico e o cardiazólico.

Em 1964, fui a Porto Alegre para o IV Congresso Americano de Psicoterapia de Grupo, onde Jaime Rojas-Bermúdez dirigiu um psicodrama público, o primeiro realizado no Brasil. Bermúdez era um médico psiquiatra colombiano, mas vivia na Argentina. Era psicanalista e trabalhava com adolescentes em hospital psiquiátrico. Começou a utilizar o método psicodramático de Moreno de forma autodidata, de acordo com o que lia nos livros de psicodrama. Ele já utilizava a psicoterapia de grupo de base psicanalítica, e a ela foi acrescentando técnicas de ação do psicodrama.

Convidou para trabalhar com ele o também psiquiatra e psicanalista Eduardo Pavlovsky. Este, além de psicoterapeuta, era um homem de teatro, experiente como ator. Os dois mesclaram seus conhecimentos e criaram um psicodrama um pouco diferente do de Moreno. Em 1961, assistiram ao Moreno dirigindo em Nova York. Dois anos depois, foram a Beacon para treinamento.

Em 1964, quando vi Bermúdez em Porto Alegre dirigindo um psicodrama, pensei: "É isso que eu quero fazer". Em 1966, durante o Congresso Internacional de Psicodrama realizado em Barcelona, Espanha, os brasileiros Iris Soares de Azevedo e Alfredo Correia Soeiro assistiram ao Bermúdez dirigindo um psicodrama público. Em maio de 1967, realizou-se em São Paulo o V Congresso Latino-Americano de Psicoterapia de Grupo, sob os auspícios da Sociedade Paulista de Psicologia e Psicoterapia de Grupo. Durante esse Congresso aconteceu, no Teatro Tuca, um psicodrama público dirigido por Bermúdez e sua equipe de egos. A protagonista foi a jovem psicóloga Angela Massi, que depois se tornaria psicodramatista. Bermúdez também realizou psicodramas públicos no Hospital das Clínicas, Hospital do Servidor e Hospital São Paulo (Borba, 1998).

Em janeiro de 1968, o psiquiatra Osvaldo Di Loreto convidou Bermúdez para realizar um curso de 15 dias com profissionais da Clínica Enfance. A aceitação foi muito grande e Bermúdez foi convidado a ministrar cursos de formação em Psicodrama, o que fez por três anos (1968 a 1970), tendo 200 psiquiatras e 60 educadores como alunos.

Em agosto de 1970, durante uma semana, aconteceu em São Paulo o V Congresso Internacional de Psicodrama. O local escolhido foi o Museu de Arte de São Paulo (Masp), que foi totalmente adaptado pela arquiteta Lina Bo Bardi. Nele aconteceram atividades teóricas e práticas, das 9 às 21 horas, com 3 mil participantes, dentre os quais informantes da ditadura infiltrados (é de lembrar que naquele período estavam proibidas as reuniões de brasileiros). Na sala principal realizaram-se oito grandes psicodramas públicos dirigidos por psicodramatistas brasileiros, argentinos, americanos e franceses.

A partir de então, com grande cobertura da mídia, os brasileiros souberam o que era trabalhar com psicodrama público (grandes grupos) em espaços que não o dos consultórios. Apesar do sucesso do Congresso, no entanto, os brasileiros ainda não tinham experiência psicodramática para trabalhar em público.

O Congresso de 1970 deu origem a duas sociedades (escolas) que, durante aquela década, formaram dezenas ou centenas de profissionais nas artes de Moreno. Houve uma multiplicação de cursos em vários estados brasileiros (Borba, 1982).

ATO 3 – INÍCIO DA FORMAÇÃO EM PSICODRAMA POR BRASILEIROS

Cheguei a São Paulo em janeiro de 1970 e comecei minha residência de Psiquiatria na Faculdade de Medicina da Universidade de São Paulo. Praticamente todos os meus superiores estudavam Psicodrama com Bermúdez. A cada dois meses, ele chegava da Argentina com sua equipe e, durante sete dias, ministrava cursos teórico-práticos e psicoterapia. Nessa semana, todos os serviços de psiquiatria funcionavam apenas em regime de plantão, e nós sabíamos que mais de 200 psiquiatras da cidade estavam com Bermúdez e equipe, o que despertava muita inveja nos residentes.

Passei a fazer minha psicoterapia psicodramática, pré-requisito para o início do curso, em 1971. Depois de dez anos de estudos da Medicina Biológica, eu começava a entender o ser humano do ponto de vista psicológico e social. Envolvi-me totalmente no movimento psicodramático da época.

Hoje, passados 45 anos, continuo realizando meus psicodramas biopsicossociais públicos. Passo, agora, a relatar um pouco dessas vivências.

ATO 4 – VIVÊNCIA INICIAL – VIDEOPSICODRAMA COM CARLOS BORBA

Carlos Borba é de Recife (Pernambuco), onde estudou Direito ao mesmo tempo que fazia teatro estudantil. Veio para São Paulo em

1975, onde fez formação em Psicodrama Pedagógico com a educadora Marisa Greeb e, logo em seguida, a faculdade de Psicologia.

Em 1980, começamos a estudar e pesquisar a utilização do videocassete em psicodrama. Partimos dos trabalhos, estudos e projetos de Moreno em cinema e televisão (projeto não concretizado). Em minha concepção, para gravar psicodrama em grupo ou individual, o *cameraman* deveria ser psicodramatista. Durante muitos anos, Carlos assumiu esse papel (vídeo-diretor). Utilizamos vídeo tanto em sessões privadas de psicoterapia como em sessões públicas.

Em 1980, pesquisamos, ainda no consultório, com o Grupo Experimental de Videopsicodrama (GEV), a união dos métodos do psicodrama com vídeo. Vários colegas compunham a equipe: Gecila Sampaio, Irene Estefania, Lidia Aratangy, Regina Teixeira da Silva e Vania Crelier. Além de sistematizar o uso do videocassete em sessões de psicodrama, o que resultou na monografia *Videopsicodrama VP*, a intenção dessa pesquisa era propiciar que outras pessoas além do grupo que produziu o vídeo pudessem assistir aos videopsicodramas terapêuticos em circuito fechado de TV, como uma plateia de um psicodrama público (Costa, 1980).

Apresentamos os primeiros VPs em congressos, reuniões de outros profissionais etc. (Costa, 2001b). Na fase de pesquisas, realizamos um videopsicodrama terapêutico. A protagonista foi a atriz Regina Dourado, que nos autorizou, depois de assistir a ele, a usá-lo em situações de estudo e pesquisa. O tema trabalhado foi "Força e fragilidade no início de sua vida profissional". Como Regina vive profundamente sua emoção na tela, passamos a utilizá-lo em situações nas quais, após sua exibição, a plateia acrescenta novas cenas (inspiradas pela dramatização). A intenção era tratar a plateia. Em 1981, fomos convidados pela artista plástica Sulamita Mareines a realizar uma sessão de videopsicodrama em seu espaço artístico-cultural Galeria Espaço Infinito, durante uma exposição com temas mitológicos, no bairro Bela Vista, em São Paulo. Essa foi nossa primeira experiência de trabalhar fora do consultório mesclando videopsicodrama e arte.

Em 1983, Sulamita convidou-nos a realizar um psicodrama em sua exposição de esculturas denominada Teatro do Objeto, no Museu da Imagem e do Som (MIS), em São Paulo. Quando alguém se aproximava das esculturas, elas reproduziam um texto gravado, trabalhando a interação do participante com temas éticos e filosóficos.

ATO 5 – O CONVITE DE RÉO PARA UM CAMINHO DO COLETIVO

Estávamos iniciando uma nova fase do movimento psicodramático: a da realização de psicodramas (ou sociodramas tematizados) em locais públicos ou outras instituições, tal qual Moreno, Zerka, Bermúdez e outros pioneiros. Fizemos, em parceria com a Réo, nove trabalhos – quatro deles na Câmara Municipal. Réo continua dirigindo psicodramas públicos, tendo realizado até hoje mais de 50 desses trabalhos. Os temas abordados eram sempre de cunho social, como "Diretas Já", mulher, violência, aids, homem, ética, luta antimanicomial.

Destaco o primeiro psicodrama realizado na rua. O local foi a Praça da Sé, no dia 18 de maio de 1990. O tema: "A luta antimanicomial". No tablado de madeira construído na frente da Catedral da Sé, desenvolveu-se o psicodrama, mesclando o povo da rua – havia doentes mentais e psicodramatistas na plateia – aos egos-auxiliares e diretores da ação (Monteiro, 2004).

ATO 6 – OUTROS COLETIVOS: DAIMON E CENTRO CULTURAL

Em 1984, o dr. José Fonseca, um dos principais psicodramatistas brasileiros, criou o Daimon – Centro do Estudo do Relacionamento, um local que abriga diversas atividades e realiza sessões abertas de psicodrama, estas em parceria com a Sociedade de Psicodrama de São Paulo. Lá, semanalmente, às quintas-feiras, acontecem sessões de psicodrama, com vários diretores.

Há 13 anos, o dr. Leopoldo Nosek, psiquiatra e psicanalista, convidou um grupo de psicodramatistas para realizar psicodramas no Centro Cultural São Paulo, ligado à Secretaria de Educação do Estado de São Paulo. O grupo, que não tem ligação com nenhuma instituição, continua, até hoje, a realizar psicodramas todos os sábados pela manhã. Esse projeto foi resultado de um desdobramento do Psicodrama da Cidade (Greeb, 2014). São convidados psicodramatistas de todas as linhas, que se alternam para a realização dos psicodramas.

Ao lado do Centro Daimon, do dr. Fonseca, o Centro Cultural é o local onde se pode assistir e participar de um psicodrama público gratuitamente.

ATO 7 – EM BUSCA DE NOVAS TEMÁTICAS

Em 1994, lancei o livro *Os onze sexos – As múltiplas faces da sexualidade humana*. O trabalho do Psicodrama dos Onze Sexos foi desenvolvido pelos psicólogos Carlos Borba e Terezinha Baptista e por mim, utilizando um derivado do método Vagas Estrelas.

Inicialmente, apresentamos em vídeo trechos reais de pessoas falando sobre sua própria sexualidade. Os egos-auxiliares, com base nisso, criam esquetes teatrais, com texto, cenário, marcações e papéis ensaiados. Ao apresentarmos o esquete à plateia, nasce o psicodrama. Alguém escolhe o papel que quer assumir com os egos-auxiliares e, então, inicia-se um psicodrama no qual a pessoa será sempre um personagem, podendo trabalhar todos os seus conflitos internos, sempre mantendo em sigilo seus dados pessoais.

Trabalhamos com homens e mulheres heterossexuais, homo e bissexuais, além dos transgêneros (travestis e transexuais) e intersexos (hermafroditas).

Esse tipo de trabalho, além de sua vertente psicoterápica, possibilita que os egos insiram em suas falas noções teóricas sobre o que estamos trabalhando, transformando-se em uma aula prática. Torna possível a abordagem dos mais variados temas, inclusive alguns considerados tabus, tais como homossexualidade, homofobia, heterofobia, bissexualidade, travestismo (inclusive *crossdressers*), transexualidade, famílias monoparentais e filhos, casamentos de pessoas do mesmo sexo, doenças genitais em pessoas após cirurgias de mudança de sexo, pedofilia, incesto etc.

Os vídeos que mostram pessoas reais são recortes de uma realidade que os terapeutas em geral não conhecem. As cenas criadas pelos egos trazem conflitos sociais que, vividos pela plateia, transformam-nas no seu mais profundo recôndito, após trazer à tona todas as fobias (homo, bi, travesti, transexuais) que o desconhecido da sexualidade nos revela.

Desenvolvemos esse método de trabalho psicodramático em São Paulo e em outros estados brasileiros (Minas Gerais, Paraná, Rio Grande do Sul, Pernambuco, Rio de Janeiro etc.), em várias instituições, em cursos de sexualidade, escolas, praças, hospitais, ambulatórios, congressos, encontros etc.

ATO 8 – PESQUISA COM HELOISA PENTEADO – PSICODRAMA E TV

Em 2000, fomos convidados pela educadora psicodramatista dra. Heloisa Dupas Penteado a desenvolver uma pesquisa com professores e alunos na Escola de Aplicação da Faculdade de Educação da Universidade de São Paulo. A proposta básica da pesquisa era a criação do telepsicodrama (a união das linguagens da TV e do psicodrama).

Tínhamos a inspiração do projeto de Moreno para TV, publicado em 1942, fruto de uma pesquisa feita ao longo de várias visitas aos estúdios da CBS em Nova York (Moreno, 1972).

No Brasil, na década de 1970, o psiquiatra Paulo Gaudêncio, um dos pioneiros do psicodrama em São Paulo, tinha um programa para jovens na TV Cultura SP, com quem usou técnicas de psicodrama. Não chegava a dramatizar, mas criava imagens simbólicas usando pessoas para ilustrar o que dizia ou alguns conceitos. Isso foi muito marcante, e pessoas que assistiram ao programa até hoje se lembram do psicodrama no *Jovem Urgente*.

Inspirados por toda a experiência amealhada com nossos videopsicodramas, nosso interesse e aceitação foram imediatos. Seguimos o roteiro do projeto, realizado com rigor científico, que tinha mais duas educadoras como pesquisadoras (Vani Kenski e Maria Isabel Galvão).

Realizamos três sessões, com todos os professores da escola, com o tema: "Falar sobre sexualidade com os alunos". Os vídeos eram assistidos na semana seguinte. Após a exibição, a principal conclusão foi a de que os temas abordados eram muito singelos – por exemplo, como lidar com o "abuso sexual" de um aluno "que passava rapidamente a mão na bunda de uma colega" durante o intervalo no pátio.

A etapa seguinte foi gravar, aos sábados, sessões de videopsicodrama com alunos que se dispunham a participar. Uma etapa difícil, pois eles faltavam muito, atrasavam, mas quando começaram a criar cenas do que eles gostariam de trabalhar em aulas sobre sexo – temas como homossexualidade, um bordel, a contaminação de um jovem namorado com HIV (numa situação triangular), um atendimento médico no qual a paciente era seduzida e tinha uma relação sexual no consultório, o término de uma relação amorosa pelo fato de o menino estar apaixonado pela melhor amiga da namorada, entre outras –, o trabalho começou a fluir. Tudo era criado pelos alunos e as fantasias eram todas dramatizadas. Eles viviam personagens e não sua vida privada.

Nossa intenção era selecionar um grupo para fazermos sessões de telepsicodrama dentro do estúdio da TV USP. Os alunos não tinham nenhuma dificuldade de criar e viver seus personagens. Ficou clara a distância entre as "realidades fantasiosas" dos alunos e as dos professores. Talvez por isso os professores resistissem a trabalhar a sexualidade como tema transversal, ao lado de ética, por exemplo.

Não foi possível aprofundar o trabalho psicodramático com os alunos que comporiam o grupo de telepsicodrama. Acabamos ficando com um grupo de oito alunos, com o qual trabalhamos 13 sessões dentro de um estúdio da Faculdade Cásper Líbero, graças a uma parceria com a professora dra. Liana Gottlieb, que, sendo psicodramatista, aderiu ao projeto e facilitou os trabalhos.

A idade dos alunos era de 14 a 17 anos - por serem menores, tinham autorização assinada pelos pais. Eles vinham todas as sextas-feiras à tarde num veículo oficial para trabalhar conosco.

Foram semanas muito proveitosas. Pela primeira vez, realizávamos nossas atividades dentro de um estúdio, com três câmeras gravando, microfones portáteis conectados em todos os participantes e iluminação voltada para o espaço psicodramático, no qual trabalhávamos com três egos-auxiliares: Carlos Borba, Elisa Parahyba e Angélica Sugai, todos psicólogos psicodramatistas.

Conseguimos chegar a um piloto com 20 minutos de duração cujos temas eram aids e morte. A metodologia foi a mesma: eles criavam os personagens e as cenas num roteiro que nós, como profissionais, não interferíamos. Os personagens criados eram um grupo de jovens, todos contaminados, atendidos em grupo num serviço de saúde gratuito. A edição demandou 400 horas de trabalho, mas conseguimos.

Esse piloto foi apresentado numa escola, onde foi avaliado pelos alunos. Logo depois, a dra. Heloisa Penteado transformou-o no livro *Psicodrama, televisão e formação de professores* (Penteado, 2007).

ATO 9 – PSICODRAMA, TEATRO E VÍDEO COM CAMILA GONÇALVES

Numa conversa de férias, Camila Salles Gonçalves nos trouxe um desejo seu: realizar um psicodrama multimídia, no qual utilizaríamos cinema, vídeo, música, teatro e o próprio psicodrama. O ano era 1993, e nós quatro (ela, Carlos Borba, Wilson C. de Almeida e eu) não sabíamos que estávamos dando o primeiro passo do método Vagas Estrelas, que viria resgatar o teatro no movimento psicodramático brasileiro.

Dois anos após leituras, ensaios, pesquisa de filmes e vídeos, apresentamos no Colégio Rio Branco, em São Paulo, o trabalho do Grupo Vagas Estrelas: uma peça de teatro com duração de uma hora, adaptada por Camila Salles Gonçalves, do filme *Vagas estrelas da Ursa*, do diretor italiano Luchino Visconti. Os personagens pertenciam a uma família que retornava à sua casa de campo em Volterra (Itália). As cenas aconteciam com eles trajados com figurinos da década de 1970. As lembranças que a filha tinha de sua mãe psicótica foram gravadas ao vivo por Carlos Borba, com o ego-auxiliar-pianista tocando, e projetadas concomitantemente à cena. Trechos do filme italiano também foram editados e apareciam num telão, integrados à peça. Após a apresentação, Anna Maria Knobel dirigiu o psicodrama.

O capítulo "Intervenções psicodramáticas – Grupo Vagas Estrelas" traz o embasamento teórico desse trabalho.

ATO 10 – ANA MARIA FONSECA ZAMPIERI

No início da década de 1990, a psicóloga Ana Maria Fonseca Zampieri começou a trabalhar e a pesquisar, em instituições e espaços públicos, com o sociodrama construtivista da aids. Esse material rendeu-lhe vários títulos acadêmicos – mestre, doutora, pós-doutora – e possibilitou a publicação de muitos artigos e livros.

Alguns anos depois, ela passou a trabalhar com um tema espinhoso: os desastres, naturais ou provocados pelo homem. Utiliza-se de todas as armas do psicodrama, de EMDR, da sexologia, da terapia de família e de todo o conhecimento, científico ou não, amealhado na vida (Zampieri, 1996, 2014).

ATO 11 – PSICODRAMA E POLÍTICA COM MARTA SUPLICY

Em 2001, logo após tomar posse como prefeita de São Paulo, a psicóloga e sexóloga Marta Suplicy realizou na cidade mais de 150 psicodramas simultaneamente, nos mais variados locais, desde instituições até praças e ruas. Pela primeira vez, realizou-se algo que uniria política e psicodrama. Todos os participantes eram psicodramatistas com experiência em psicodrama público. A coordenação foi da psicodramatista Marisa Greeb. O Psicodrama da Cidade evidenciou um método de trabalho grupal que atende a muitas necessidades sociais.

Nessa ocasião, voltamos à Praça da Sé – 11 anos após aquele psicodrama público lá realizado – para reencontrar os moradores de rua, alguns doentes mentais, os *habitués* da praça, os passantes que paravam, enfim, pessoas de todos os tipos e classes. Havia psicodramatistas também nas escadarias do Teatro Municipal, na Praça da República, no Largo da Batata, em escolas, hospitais e no Centro Cultural São Paulo – onde aconteceu um psicodrama, sob a direção do dr. Antonio Carlos Cesarino, cuja protagonista foi Marta Suplicy, vivendo uma cena em que era assaltada na rua.

Em 2003, ainda na gestão de Marta Suplicy, os representantes do segmento LGBT (lésbicas, gays, bissexuais e transexuais) solicitaram à Secretaria Municipal da Saúde que seus funcionários oferecessem um atendimento mais humanitário e sensível às pessoas desse segmento.

As psicodramatistas Mariângela Wechsler e Stela Fava (ambas da diretoria da Federação Brasileira de Psicodrama) foram convidadas a dirigir os grupos por Eliane Cordeiro – assistente técnica da prefeitura, aluna de psicodrama e uma das responsáveis pela elaboração do projeto. Eliane dirigiu um grupo e Mariângela e Stela dirigiram outros 15. Dois deles foram compostos de coordenadores e de assessores da Saúde; os outros 14, de funcionários da rede. Eliane apresentou, em 2005, sua monografia de conclusão de curso, orientada por Mariângela (Cordeiro, 2005).

No ano de 2004, durante o XIV Congresso Brasileiro de Psicodrama em Belo Horizonte, foi iniciada a atividade Comunidade em Cena, realizada até hoje em todos os congressos brasileiros. Ela consiste em intervenções psicodramáticas temáticas em instituições, organizações e espaços públicos da cidade onde o congresso é realizado. A Federação Brasileira de Psicodrama e a direção do congresso escolhem os psicodramatistas que dirigirão os psicodramas públicos, partindo do tema do congresso. Esses temas podem envolver saúde, cultura, sociopolítica, esportes, instituições religiosas, instituições empresariais e terceiro setor (Wechsler, Marino, Sgorbina e Fava, 2005).

ATO 12 – PSICODRAMA NO ESTÚDIO DE TV COM MAX ALVIM

A próxima etapa foi mostrarmos o pilotinho, com todas as limitações técnicas de um estúdio de TV de uma faculdade particular de comunicação, a vários profissionais de televisão. Fomos compreendidos e aceitos por Max Alvim, diretor de TV, dono de uma produtora. O entrosamento entre a equipe técnica da produtora e a do psicodrama foi rápido. Levamos algumas semanas de estudos e adaptação até chegarmos a um projeto em todas as suas minúcias. Realmente algo acalentador.

O próximo passo foi a realização de um piloto em nível profissional. Conseguimos gravar duas sessões em estúdio. Um grupo de pessoas foi convidado para trabalhar conosco. De posse do novo piloto, nós o apresentamos a 70 pessoas numa sessão do Centro Cultural, as quais responderam a uma pesquisa em seguida. O piloto foi aprovado.

Elaboramos um projeto e conseguimos apresentá-lo no Ministério da Saúde ao dr. Raldo Bonifácio, responsável pelo setor de doenças sexualmente transmissíveis (DST), entre elas a aids. Era o início do governo Lula, 2003. Estudada por uma comissão técnica, a proposta foi aceita. Dr. Raldo nos disse que ela ia ao encontro do que eles estavam pensando: um programa de TV só sobre sexualidade, de senso amplo, e não algo focado somente em aids.

Quando nos preparávamos para entrar em contato com o Ministério da Educação, a grande surpresa: no Ministério da Saúde havia uma investigação a respeito de corrupção que envolvia desvio de dinheiro relacionado com venda de sangue humano. Logo depois, caíram todos os responsáveis técnicos com quem falávamos.

O passo seguinte era conseguir patrocínio e um canal de TV para exibir o programa *Teatro da Vida*. Vale dizer que a proposta de realizar psicodrama em televisão era algo inédito. Até então, nunca tinha sido realizado com pessoas selecionadas da sociedade e profissionais participando de todas as etapas do programa, incluindo a edição final. Foi uma batalha incessante. Não conseguimos patrocínio e nenhum canal aceitou o programa.

Depois de alguns anos, percebemos que o tema sexualidade era um tabu. Aberto e abordando as minorias sexuais, como propúnhamos, era impossível. Já se passaram mais de dez anos. Basta ver como ainda hoje a sociedade lida com esses temas.

Hoje, parece-nos que o caminho da internet é mais viável. Temos um projeto de webpsicodrama e por aí iremos. Continuamos realizando nossos psicodramas públicos, utilizando videopsicodrama.

ATO 13 – NO SEDES, MORENO E FREUD JUNTOS – UM CAMINHO FUTURO

As instituições psicodramáticas e psicanalíticas nunca fizeram um trabalho conjunto em São Paulo.

Recordando os 50 anos da ditadura militar, o Instituto Sedes Sapientiae realizou uma semana sobre o assunto, com palestras, debates e mesas-redondas, com o título "Ditadura civil militar no Brasil – O que a psicanálise tem a dizer". A organização foi do seu departamento de psicanálise, que convidou o Grupo Vagas Estrelas para realizar um psicodrama na abertura do evento.

Camila Salles Gonçalves escreveu uma apresentação teatral e dirigiu os "atores espontâneos" Gloria Hazan, Terezinha Baptista, Carlos Borba, Ana Carolina Costa, a própria Camila e eu. Anna Knobel dirigiu o psicodrama público em seguida, que nasceu da identificação da plateia com personagens da "peça". Sucesso absoluto. Moreno e Freud de mãos dadas. Em 1984 fizemos o Psicodrama das Diretas, e em 2014 o Psicodrama da Ditadura. Aleluia!

REFERÊNCIAS BIBLIOGRÁFICAS

Borba, C. A. S. Entrevistas em vídeo gravadas para o "Projeto Memórias do Psicodrama no Brasil". São Paulo, 1982; 1986; 1993; 1995; 1998.

Cordeiro, E. G. *A utopia de inclusão dos gays, lésbicas, bissexuais e transgêneros através do projeto moreniano*. Monografia (Especialização em Psicodrama) – Instituto Sedes Sapientiae, São Paulo, 2005.

Costa, R. P. T. *Videopsicodrama*. São Paulo: Edição do Autor, 1980.

________. "A chegada do psicodrama no Brasil: sua história de 1960 a 1970". *Revista Brasileira de Psicodrama*, São Paulo, v. 9, n. 2, 2001a.

________. "Telepsicodrama: um sonho de Moreno em pesquisa". In: ________. (org.). *Um homem à frente de seu tempo: o psicodrama de Moreno no século XXI*. São Paulo: Ágora, 2001b, p. 189-204.

________. "The arrival of psychodrama in Brazil: its early development in the 1960s". In: Figusch, Z. (org.). *Sambadrama: the arena of Brazilian psychodrama*. Londres; Filadélfia: Jessica Kingsley Publishers, 2006a.

________. "Video-psychodrama and tele-psychodrama: the research of a Moreniano dream". In: Figusch, Z. (org.). *Sambadrama: the arena of Brazilian psychodrama*. Londres; Filadélfia: Jessica Kingsley Publishers, 2006b.

Fava, R. S. *et al*. "Educação em cocriação: perspectiva sociopsicodramática". In: Fleury, H. J.; Marra, M. M. (orgs.). *Intervenções grupais na educação*. São Paulo: Ágora, 2005.

Gonçalves, C. S.; Wolff, J. R.; Almeida, W. C. *Lições de psicodrama: introdução ao pensamento de J. L. Moreno*. São Paulo: Ágora, 1988.

Greeb, M. N. "Abertura – Socioterapia porque ninguém fica louco sozinho". In: Wechsler, M. P. F.; Monteiro, R. F. *Psicodrama em espaços públicos: práticas e reflexões*. São Paulo: Ágora, 2014.

Marineau, R. F. *Jacob Levy Moreno 1889-1974: pai do psicodrama, da sociometria e da psicoterapia de grupo*. São Paulo: Ágora, 1992.

Monteiro, R. F. "Teatro espontâneo: um ato político". *Revista Brasileira de Psicodrama*, v. 12, n. 1, São Paulo, 2004.

Moreno, J. L. *Psicodrama*. São Paulo: Cultrix, 1972.

Penteado, H. D. *Psicodrama, televisão e formação de professores*. Araraquara: Junkeira & Marin, 2007.

Wechsler M. P. F.; Monteiro R. F. "Apresentação – Era uma vez". In: Wechsler M. P. F.; Monteiro R. F. (orgs.). *Psicodrama em espaços públicos: práticas e reflexões*. São Paulo: Ágora, 2014.

Wechsler, M. P. F.; Marino, M. J.; Sgorbina, M. L. S.; Fava, R. S. "Educação cocriação". In: Fleury, H.; Marra, M. (orgs.). *Intervenções grupais na educação*. São Paulo: Ágora, 2005.

Zampieri, A. M. F. *Sociodrama construtivista da aids*. São Paulo: Psy, 1996.

Zampieri, A. M. F. *et al*. "Morte e tragédia pública: sociodrama construtivista de desastres com EMDR". In: Wechsler, M. P. F.; Monteiro, R. F. (orgs.). *Psicodrama em espaços públicos – Práticas e reflexões*. São Paulo: Ágora, 2014.

2. Intervenções psicodramáticas – Grupo Vagas Estrelas

Anna Maria Knobel
Camila Salles Gonçalves

O MÉTODO VAGAS ESTRELAS, criado pelo grupo de mesmo nome, em 1995, integra cinema, vídeo, música, teatro e psicodrama na apresentação de um drama familiar ou social e é voltado para a realização de psicodramas públicos. Caracteriza-se por apresentar uma primeira parte preparada como *iniciador estético teatral*. Lembremos que a noção de *iniciador* foi cunhada por J. L. Moreno e refere-se a elementos ou procedimentos utilizados no aquecimento (*warming up*) ou na preparação para a ação. A sensibilidade pode ser despertada por inúmeras artes e há, pois, inúmeros *iniciadores estéticos*.

Nosso grupo optou pelo teatro, o mais próximo da origem do psicodrama, embora pratique, na primeira parte de suas atuações, uma atividade teatral diametralmente oposta ao teatro espontâneo, ainda que experimental. Isso na medida em que há um roteiro estabelecido, falas decoradas, marcação e papéis ensaiados. Grupos grandes (como os que ocorrem em congressos, por exemplo, que podem ter dezenas de participantes) não são adeptos do teatro espontâneo, por uma questão de perspectiva. Com efeito, em eventos nos quais há um número grande de participantes, quem entra no palco pode ter vivências importantes, que vão da alegria à tristeza, que lhe permitem experimentar vínculos, buscar a criatividade da expressão, mas, para quem está na plateia, pode haver apenas a contemplação de um borrão em movimento, muitas vezes ininteligível, que, com frequência, resulta em sua indiferença.

Muito antes de fundarmos nosso grupo, já havia propostas de psicodramas temáticos, para os quais o público era convocado por meio de um título. Nosso método não se opõe a estes, pelo contrário, já que parte de uma apresentação dramática que tem nome, como "Vagas Estrelas", "Entre Quatro Paredes", "Lembrar e não Repetir". Às vezes, acrescentamos um subtítulo a um roteiro que adaptamos (por exemplo, "Vagas - Estrelas - Psicodrama de relações familiares").

Ao pensar em como apresentar o trabalho psicodramático que ocorre após a encenação teatral do Grupo Vagas Estrelas, deparamos com uma questão teórica em relação à nomenclatura do método: o que fazemos é um sociodrama, um trabalho centrado no coletivo, ou uma série de psicodramas sucessivos encadeados pelo coinconsciente grupal?

Expressando essa dúvida, mais uma vez, damo-nos conta da complexidade e riqueza da socionomia, que opera em processos de *recursividade* (Wechsler, 2007), ou seja, estabelece um campo em que as próprias experiências se autoalimentam e se mesclam de forma dinâmica e contínua. Da perspectiva desse campo, preferimos considerar que nosso trabalho se define como um psicodrama que tem momentos sociais compartilhados e momentos da história de cada um, sendo impossível separar as duas instâncias. Muitos colegas, com justificados motivos, têm chamado esse modo de *intervenção pública de psicossociodrama* ou *sociopsicodrama*. Entretanto, esse destaque nos parece pleonástico, pois o psicodrama, por si só, já inclui vertentes subjetivas e sociais.

Isso posto, é necessário apresentar e descrever o modo como opera o psicodrama do Grupo Vagas Estrelas. O psicodrama ocorre após a encenação teatral de um *script* que apresenta temas humanos fundantes, ancorados em um momento histórico conflituoso compartilhado pela plateia, o que também o torna sociodrama. Tanto conflitos coletivos quanto vicissitudes pessoais podem ser vivenciados pelos emergentes grupais, partindo dos personagens da encenação teatral. Essa estratégia protege a identidade e a história dos protagonistas, mantendo, entretanto, a possibilidade de intensa mobilização e envolvimento pessoal.

A coparticipação da plateia no drama teatral *empodera* as cenas, pois a sucessão de propostas individuais, que são fruto da memória e das feridas de cada um, cria um grande enredo coletivo coinconsciente.

Vale dizer que as cenas costumam ser bem intensas, e muitas vezes regressivas, estando ligadas a momentos estruturantes de cada um em suas famílias – seus modelos relacionais internalizados –, ao mesmo tempo que evocam situações traumáticas coletivas decorrentes de dispositivos de poder que, via de regra, se agigantam, como a opressão exercida pelo Estado.

A encenação teatral prévia tem, como um de seus objetivos, criar um campo *ótimo* de tensão que deságue na possibilidade de a plateia amplificar, corrigir, ou apenas retomar cenas significativas de seus próprios dramas, de forma protegida pelo personagem e pelo enredo fictício.

Vemos, assim, que o psicodrama do Grupo Vagas Estrelas não se move em função da *tele* presente nas relações, mas, ao contrário, opera por meio de movimentos transferenciais de *identificação* com os personagens, que são propositalmente complexos e ambíguos para permitir a revivência dos conflitos.

Cenas temidas, mal vividas, contidas desabrocham no palco, sendo acolhidas e facilitadas cenicamente pelos egos-auxiliares, que aquecem, provocam e maximizam a experiência dos conflitos, visando a possíveis encaminhamentos cênicos e expressões catárticas. Nesse momento, o processo opera no plano da *identidade*, pois exprime o que cada um tem de *singular*. É claro que há muitas variantes subjetivas do mesmo tema, uma vez que a multiplicidade de sentidos de um único fato pode ser enorme.

A cena vai até o ponto que cada um deseja ou em que se dá por satisfeito. Muitas vezes, parece que ficou faltando algo, mas isso não é um defeito. Antes, exatamente a própria expressão do método, na medida em que a cena aberta e inconclusa provoca a fluência criativa das participações seguintes. Assim, o que começa por meio de processos de *identificação* com os personagens resulta em um espaço de vivência *identitária*, que resgata aspectos próprios de cada emergente/ator. A encenação pública do que foi reprimido por processos sociais é, por excelência, o caminho de dignificação de feridas, impotência e ódio perante a opressão. O que foi mal constituído no espaço público redime-se apenas no coletivo, com outras vítimas e testemunhas do mesmo tipo de subjugação.

O *script* psicodramático grupal forma-se por contágio, afetação mútua, tensão e mobilização, que se sucedem de forma coinconsciente, e tem início em um ponto de equilíbrio instável e fértil entre os diferenciadores individuais e os denominadores coletivos dos papéis sociais.

Para a socionomia, os estados coconscientes/coinconscientes são formas compartilhadas de ser, entender a si próprio e aos outros que se constituem entre duas ou mais pessoas ao longo da convivência. Não são intencionais ou voluntários, mas fruto de momentos de coexistência. Assim, o coinconsciente moreniano existe *entre* os indivíduos sem que eles o planejem, definam como próprio ou até o percebam, pois é aquilo que não pode ser dito ou assumido, tanto nas famílias quanto na vida social e cultural.

Moreno (*apud* Knobel, 2011, p. 142) refere-se apenas aos estados coinconscientes que são compartilhados por parceiros de um vínculo específico. Diz:

> Os estados coconscientes/coinconscientes são por definição aqueles estados que os parceiros experimentaram e produziram em conjunto e que podem assim ser experimentados, reproduzidos ou revividos conjuntamente. Um estado coconsciente/coinconsciente não é propriedade de um indivíduo apenas. Sempre é uma propriedade comum que só pode ser reproduzida por esforços combinados.

O autor chama essa dimensão relacional não acessível à consciência de *interpsique* (*apud* Knobel, ibidem, p. 143), afirmando que ela se estrutura a partir da impossibilidade, por parte dos integrantes da relação, de lidar com processos e conteúdos ameaçadores para o Eu. Na mesma época, isto é, na década de 1950, S. H. Foulkes[1] intui a existência de um *inconsciente social*, sem, contudo, resolver as dificuldades conceituais da questão (Nitzgen, 2011).

Em 2003, Hopper[2] sistematiza a noção de um *inconsciente social*, considerando-o "fruto da existência de restrições e arranjos sociais, culturais e comunicacionais dos quais as pessoas não estão conscientes" (2006, p. 129).

Conforme Penna (2014, p. xliv, 409), Hopper e Weinberg[3] vão adiante e, em 2011, afirmam que esses padrões de comunicação e interação, inerentes ao *inconsciente social*, são estruturados como uma série de defesas contra a emergência da angústia por fenômenos sociais.

Assim, tanto o *coinconsciente moreniano* como o *inconsciente social* da grupoanálise envolvem valores, hábitos, histórias e tradições reprimidos em função de conflitos, vergonha, dor, sofrimento, dominações ou até catástrofes ambientais. Configuram sistemas compartilhados de evasão desses fatos que, entretanto, permanecem como parte de uma identidade (in)consciente.

Encerrada essa necessária digressão teórica, voltemos à descrição do psicodrama do Grupo Vagas Estrelas.

Terminada a apresentação teatral, após alguns instantes de expectativa e espera sustentados pelo silêncio do diretor, que apenas oferece aos possíveis emergentes do público o palco psicodramático e os atores (nesse momento transformados em egos-auxiliares), começam a surgir as encenações/intervenções psicodramáticas da plateia, em encadeamento de intensidade, compromisso e catarse crescentes.

---

1. Psicanalista alemão radicado na Inglaterra, contemporâneo de Moreno, que desenvolveu a Grupanálise.

2. Earl Hopper, psicanalista e cientista social americano radicado em Londres.

3. Psicanalista israelense radicado nos Estados Unidos.

O primeiro trabalho do Grupo[4] teve sua primeira parte composta de cenas extraídas do filme de Luchino Visconti, *Vaghe stelle dell'Orsa*, adaptadas por Camila Salles Gonçalves. Foram realizadas seis apresentações, uma das quais em Londres, em 1998, no Congresso da International Association of Group Psychotherapy (IAGP), em uma versão com vídeo legendado, visando ultrapassar as barreiras de diferentes idiomas.

Esse trabalho já foi chamado de *psicodrama de família* pelo fato de sua ação se concentrar inicialmente nos conflitos da família representada no filme, a trágica família Wald Luzzatti. Trata-se de um psicodrama que trabalha com valores e tradições familiares invisíveis que se engendram no decorrer de gerações, estruturando o "destino" ou o caminho inconsciente que seus membros acabam seguindo. O trágico manifesta-se, a vida toma forma (guerra, morte, loucura, paixão), sem que ninguém possa ser culpado pelos fatos.

Vejamos um exemplo recente do trabalho do Vagas Estrelas com um grande grupo, de mais de cem pessoas. Nesse acontecimento, foi encenado o texto "1º de Abril – Lembrar e não Repetir", roteiro sobre o golpe militar de 1964, criado por Camila Salles Gonçalves, com base em fragmentos de memórias de alguns dos membros do próprio Vagas Estrelas que haviam vivido aquele momento histórico.

Inicialmente, são encenadas três cenas curtas:

- Uma família burguesa identificada com o ideário da Marcha da Família com Deus pela Liberdade[5] e completamente contra o que chamam de "comunização" do país.

---

4. O grupo fundador foi constituído, em 1995, por Anna Maria Knobel, Anita Malufe, Camila Salles Gonçalves, Carlos Borba, Elisa Parahyba, Gloria Hazan, José Fonseca, Ronaldo Pamplona, Terezinha Baptista e Wilson Castello de Almeida.

5. Manifestação ocorrida em São Paulo em 19 de março de 1964, como resposta da direita organizada ao discurso do presidente João Goulart, em 13 de março, na Central do Brasil, no qual ele anunciou reformas de base.

- Alguns jovens estudantes de esquerda da "Maria Antonia"[6] que, na Praça do Patriarca, em São Paulo, demonstram sua desaprovação da coleta de assinaturas contra as reformas propostas por João Goulart.
- O susto e a persecutoriedade de uma jovem ingênua que, na véspera do golpe, foi com um jovem poeta de esquerda, por quem estava apaixonada, a uma reunião do Partido Comunista.

Após as encenações, começam a surgir pessoas do público interessadas em assumir os personagens. Como sempre, as primeiras colaborações carecem de aquecimento e vão se dando por meio de pequenas falas, declarações ou atitudes.

Aos poucos, a participação vai tomando força e aparecem temas mais cruciais e dolorosos, como o da paralisia diante da força militar, que ainda hoje pulsa entre os que testemunharam aqueles tempos. Inevitavelmente, o protagonista e todos por ele representados revivem a dor impotente diante da imensidão e do pleno poder do Estado torturador que tomou forma.

No "como se do psicodrama", na possibilidade imaginária que produz catarse momentânea, um ego-auxiliar procura dar ao protagonista oportunidade de reagir à inominável opressão, mas ele não consegue. Há uma desproporção entre as forças, que, quando relembradas, não permitem que uma superação presente conceba um fortalecimento imaginário no passado. Os sobreviventes de nossa geração, ao lembrar, podem buscar forças para não repeti-las, mas apenas no presente e no futuro.

É claro que a infância pode aparecer como outra representação do desamparo e da impotência. Na plateia, havia muitos presentes que, de fato, eram crianças às vésperas do golpe e cresceram já numa ditadura. Antes do trabalho do Vagas Estrelas, uma psicanalista lera um texto em que havia um rela-

6. Faculdade de Filosofia, Ciências e Letras da Universidade de São Paulo, situada na época à rua Maria Antonia.

to sobre suas descobertas e dúvidas aos 9 anos de idade (Tabacov, 2014). No psicodrama, aparecem cenas nas quais crianças de 9 anos (também idade provável da maioria dos participantes à época) percebem que algo está ocorrendo em suas famílias, sentem medo, mas não sabem do que se trata, em um mal-estar coinconsciente.

No final, a cena protagônica se impõe e aglutina, em um único foco, a angústia, as emoções e a indignação dos presentes: da plateia, uma pessoa extremamente emocionada revela sua indignação por ter visto, no telejornal da véspera, a exibição dos ossos de uma vítima da ditadura em um saco plástico.

Diante do reducionismo cínico dessa tragédia, um dos egos-auxiliares coloca-se no meio do palco e assume o papel desse protagonista grupal, ao mesmo tempo imaginário e real, herói e mártir daquele processo. Afirma, repetidamente, com dignidade e força: "Meu nome é Epaminondas! Meu nome é Epaminondas!"

Ao fazer-se drama, a despersonalização é desfeita. Em um clima de intensa emoção, termina esse psicodrama do Grupo Vagas Estrelas, realizado em um espaço público. Nele, dores e sentidos, carregados de emoções coletivas, foram resgatados pela potente ação dos participantes.

REFERÊNCIAS BIBLIOGRÁFICAS

Gonçalves, C. S. "Mitologias familiares". *Revista Brasileira de Psicodrama,* v. 6, n. 2, São Paulo, 1998, p. 43-50.

Hopper, E. *The social unconscious: selected papers*. 2. ed. Londres; Filadélfia: Jessica Kingsley Publishers, 2006.

Hopper, E.; Weinberg, H. *The social unconscious in persons, groups and societies.* v. 1: Mainly Theory. Londres: Karnac, 2011.

Knobel, A. M. "Coconsciente e coinconsciente em psicodrama". *Revista Brasileira de Psicodrama*, v. 19, n. 2, São Paulo, 2011, p. 139-52.

_______. *Sociodrama e sonho social.* Disponível em: <http://api.ning.com/files/bDQcD9b8Um*9YnbSMdZLXvuskHAy-ekFxxGJuYmkMyZolgya

budoY7wqf*w9GzKg8ElRvi-Wlr-pMLlZDdHcAFq894*zelLz/SDM RelatoCongresso04092010.pdf>. Acesso em: 13 ago. 2015.

MORENO, J. L. *Psicodrama*. São Paulo: Cultrix, 1975.

______. *Psychodrama & group psychoterapy*. v. 1. Virginia: American Society for Group Psychotherapy & Psychodrama, 1946/1994.

NITZGEN, D. "The concept of the social unconscious in the work of S. H. Foulkes". In: HOPPER, E.; WEINBERG, H. *The social unconscious in persons, groups and societies*. v. 1: Mainly Theory. Londres: Karnac, 2011, p. 3-21.

PENNA, C. *Inconsciente social*. São Paulo: Casa do Psicólogo, 2014.

TABACOV, H. "Para não fazer o elogio do sinistro". *Percurso – Revista de Psicanálise*, ano XXVI, n. 52, jun. 2014.

VOIGT, T. "The social unconscious in group analysis", 6 abr. 2014. *Institut for Gruppeanalyse København*. Disponível em: <http://www.iga-kbh.dk/Blog.120/The-social-unconscious-in-group-analysis.12.aspx>. Acesso em: 16 jul. 2015.

WECHSLER. M. P. F. "Pesquisa e psicodrama". *Revista Brasileira de Psicodrama*, v. 15, n. 2, São Paulo, 2007, p. 71-78.

3. Digressões sobre homofobia

Carlos A. S. Borba

"Homofobia" é um termo formado por dois radicais gregos (*homo* = semelhante + *phobia* = medo). Foi usado pela primeira vez em uma publicação do psicólogo americano George Weinberg, em 1983, e depois espalhado pelo mundo. O termo também é utilizado de forma equivocada para designar aversão a pessoas bissexuais, travestis e transexuais.

Estudos revelam que sentimentos de ansiedade, medo e aversão a gays podem ser reações de quem se identifica com esse comportamento, mas não aceita isso, ainda que inconscientemente. O comportamento agressivo em relação aos homossexuais seria uma forma de negar o desejo, por considerá-lo errado ou doentio (Bryner, 2012). Essas pessoas têm indicação médica para se submeter à psicoterapia para aceitar esse aspecto de sua personalidade, uma vez que a orientação é imutável.

> Com o intuito de pesquisar a atração sexual explícita e implícita dos pesquisados, comparou-se o que as pessoas diziam ser sua orientação sexual com suas reações às palavras e imagens mostradas no experimento. (Bryner, 2012)

A intolerância com os diferentes é uma nefasta marca da sociedade brasileira. Está presente em vários aspectos de nossa identidade, tais como etnias, classe social, visão política, crença religiosa e questão da identidade sexual. No século XXI, o desenvolvimento das neurociências confirma que a diversidade sexual é uma característica inata dos seres humanos.

Uma parcela dos homens da sociedade poderá ser considerada portadora de Homossexualidade Egodistônica, que de acordo com a Classificação de Doenças Mentais edição nº 10 tem o CID-10. Essas pessoas têm consciência de sua orientação sexual homo ou bissexual, mas não aceitam esse desejo e sofrem por almejar modificá-lo.

O surgimento do Movimento Contemporâneo Internacional dos Direitos Homossexuais teve como marco inicial a chamada Batalha de Stonewall, na cidade de Nova York, em junho de 1969. O Bar Stonewall Inn, local frequentado por gays, lésbicas, bissexuais, transexuais e travestis, diferenciava-se dos outros bares por ser o único a permitir que duplas de pessoas do mesmo sexo dançassem livremente. Naquele 28 de junho, o bar sofreu mais uma batida policial, sob a alegação de falta de licença para venda de bebidas alcoólicas. Mais uma vez, os travestis presentes seriam presos. Porém, naquela noite, os *habitués* resistiram à repreensão com adesão dos moradores da região. O conflito durou três dias até a decisão do presidente da Câmara encerrar definitivamente a perseguição policial. O 28 de junho até hoje é conhecido em todo o mundo como Dia do Orgulho Gay.

A resistência na cidade de Nova York e o movimento que ressurgiu na Europa nos anos 1970 resultaram na luta contra a discriminação da homossexualidade e no reconhecimento dos direitos civis dos homossexuais.

Em 1985, a Organização Mundial de Saúde deixou de considerar a homossexualidade e a bissexualidade uma doença. Estas apareciam no CID-09. Porém, uma parte da sociedade brasileira continua discriminando gays por considerá-los doentes mentais.

Entretanto, a cultura popular brasileira demonstra grande sabedoria e espontaneidade. E, generosa, aceita nossos sentimentos e identidade. Registra e reproduz nosso olhar, nosso ouvir e sentir. É viva, não estanque. E por meio de imagens, registros, multiplicação e compartilhamento, dá aos nossos movimentos possibilidades de encontros e transformações.

Inicialmente, apresento dois aspectos positivos que encontramos na cultura de massa. Primeiro, uma obra da dramaturgia para a televisão, que, sendo um importante disseminador de ideias da indústria cultural, pode ser uma alavanca para o questionamento dos costumes arcaicos e repressores.

Na estreia da novela *Babilônia*, transmitida pela Rede Globo, em 16 de março de 2015, em uma cena de segundos, as personagens lésbicas das atrizes Fernanda Montenegro e Nathalia Thimberg se beijam na boca, tendo a música "Eu te desejo amor", interpretada pela cantora Maria Bethânia, como trilha sonora. Corajosas e atrevidas, as atrizes sabem que estão transgredindo costumes e que isso pode se tornar um grande vespeiro por mexer com vários tabus: mulheres octogenárias formando um casal, sexo na terceira idade, lesbianismo etc. Como consequência, logo a bancada evangélica de deputados federais solicitou ao Congresso Nacional boicote à novela, o que resultou na queda do Ibope desta, segundo a mídia.

A verdadeira arte deve ser livre para ser arte. É só questionando o que é proibido que as verdades absolutas são transformadas. Elas são atrizes, cidadãs e responsáveis por seu ofício de desempenhar personagens escritas por um autor, e o fazem com brilhantismo e coragem. E se fosse mostrada uma cena de agressão, como tantas assistidas na TV todos os dias, seria um acontecimento assimilável, normal, decente?

Outro exemplo transgressor da nossa cultura: a liberalidade sexual presente no carnaval, a maior manifestação popular brasileira, originária de festejos dionisíacos. Desde meados do século XX, em muitos locais do Brasil, como no Rio de Janeiro, na Banda de Ipanema, milhares de participantes desfilam em meio à grande parcela de homens vestidos como mulheres e também travestis, *drag queens* e transexuais, convivendo na maior integração. Em Pernambuco, desde os anos 1950, homens se travestem de mulher no chamado "Bloco Carnavalesco Anárquico Virgens de Olinda". A maioria sai "montada", termo usado hoje em dia pelas *drag queens* para designar que estão fantasiadas.

O jogo é complementado pelos milhares de participantes e vários acompanhamentos de carros de som. Entre os espectadores estão namoradas, mulheres, filhos, familiares e amigos desses "atores" que jogam ali vários papéis sexuais. Pelo que se comenta, não existe agressão aos participantes. Quem vai participar é responsável pelo jogo de papéis que vai vivenciar.

Também na cidade de Santos, no estado de São Paulo, até 1997 existia o "Banho da Doroteia": homens fantasiados em grupos como Dengosas do Marapé, Favoritas do Sultão, Gueixas do Atlântico, As Misses etc. As vestimentas e os adornos de papel eram destruídos no final da brincadeira, num banho de mar, como a dizer que tudo era uma manifestação rápida, e que o mergulho traz de volta a realidade masculina. Não serão essas criativas manifestações uma forma de, pelo menos por algumas horas, as pessoas experimentarem uma saudável inversão de papéis?

Desde 1997, na cidade de São Paulo, com o tema "Somos muitos, estamos em todas as profissões", e posteriormente em outras grandes cidades brasileiras, realizam-se paradas gays em comemoração ao dia do orgulho gay, promovidas pelo movimento LGBT – lésbicas, gays, bissexuais e transgêneros (travestis e transexuais).

Nessas grandes concentrações, participam milhares de pessoas de todas as orientações sexuais, com objetivo carnavalesco para uns e de engajamento e consciência para outros. Pelo menos durante o trajeto existem respeito e tolerância. Portanto, essas manifestações ainda são necessárias, pois são uma forma de conscientizar pessoas e organizações de que atos homofóbicos jamais serão aceitos, devem ser considerados atos de violência, e a sociedade não deve recuar. O que deve estar presente é a democracia cidadã e a necessidade do integrar com aquele que é tido como doente, numa convivência saudável.

Na história da sexualidade humana, sempre ocorreram momentos em que o conflito da não aceitação do diferente transformou negativamente as relações. O não similar torna-se tal qual era visto o estrangeiro no início da democracia na Grécia Antiga, época na qual quem não era nascido no território não tinha direitos iguais aos cidadãos, não podendo participar da vida política: não tinham uma identidade, como os escravos, que eram apenas objetos dos seus senhores. As mulheres eram consideradas seres inferiores, sendo discriminadas.

Erroneamente, os gays são vistos como homens que desejam ser mulheres, portanto também são discriminados. A sociedade acha que o homem deve ser másculo, masculino, viril, jamais semelhante a uma mulher. Existe uma confusão de conceitos. A homossexualidade é expressão da orientação sexual da pessoa, e o comportamento do homem afeminado é expressão da identidade de gênero. São conceitos da identidade sexual, expressão do mundo interior de uma pessoa (Costa, 2005).

Muito da tão falada alegria de viver do brasileiro, vivenciada em comemorações, é deixado de lado quando entramos em contato com uma contraditória realidade da nossa sociedade: a falta de direito dos indivíduos de exercer, sem mentiras e segredos, sua real orientação sexual. E o Estado mantém-se resistente e insensível para defender as minorias. Entramos em contato com a rejeição disseminada em vários setores, a rejeição aos que são diferentes da maioria, apontados como doentes, imorais, pervertidos, aberrações da natureza. Rejeição facilmente comprovada em vários setores da nossa sociedade, confrontando a realidade dos direitos dos homossexuais no Brasil.

Segundo registros da Secretaria Nacional dos Direitos Humanos da Presidência da República, crimes de homofobia totalizaram, até o final de 2014, a marca de 6,5 mil denúncias, sendo as vítimas preponderantemente jovens. Em relação ao gênero, 72,9% são homens e 16,7%, mulheres. Um homossexual sofre alguma espécie de violência a cada hora, sendo os principais tipos a discriminação e a violência psicológica, praticados em locais como rua, casa da vítima e locais de trabalho. O número de denúncias cresceu 460% em quatro anos, de 1.159 em 2011 para 6.537 em 2014 (Maciel, 2014).

No Congresso Nacional está em tramitação há nove anos o Projeto de Lei nº 122/2006, que criminaliza a homofobia. Para os especialistas em violações dos direitos humanos, seria um instrumento facilitador para a redução dos assassinatos e de outros crimes devastadores contra homossexuais, lésbicas, travestis, transexuais etc. Após negociações no Senado, o termo "homofobia" foi excluído da proposta, que seria de enquadrar o delito como crime de ódio, com as mesmas referências válidas para o crime de racismo. Apresentado em 2006 na Câmara dos Deputados, não teve a possibilidade de ser votado. Nele, penas de até cinco anos de prisão seriam aplicadas a quem cometesse atos de preconceito contra a orientação sexual e aos atos diretamente ligados ou não à discriminação.

TRABALHOS LIGADOS AO TEMA SEXUALIDADE HUMANA

Há mais de 20 anos, fui convidado por Ronaldo Pamplona para desenvolver um conjunto de atividades ligadas à sexualidade, por meio de uma derivação do método criado por nosso grupo de teatro experimental Vagas Estrelas, tendo como elemento iniciador trechos em vídeo de pessoas falando de sua sexualidade. Como egos-auxiliares atores, desenvolvíamos uma cena e, com a psicóloga Terezinha Tomé, criávamos uma dramaturgia para aqueles relatos gravados.

Os temas, os gêneros e os sexos eram nossa meta. De acordo com o contrato, se psicoterápico ou educativo, passávamos às diversas possibilidades de conteúdos. Desenvolvemos trabalhos para diversas instituições de ensino, terapêuticos e sexuais, em escolas, ambulatórios de hospitais, faculdades, congressos, seminários etc. As temáticas eram as mais variadas: sexualidade e família, homofobia, homossexualidade, travestismos, *crossdressers*, pedofilia, conflitos na área profissional, preconceitos religiosos.

Guardo três cenas de psicodrama:

Na primeira, uma senhora foi agredida em uma loja na rua Augusta, centro de São Paulo, pois, ao presentear a jovem neta, recebeu um beijo de agradecimento. Foi agredida por uma pessoa gritando "Velha sapatona, corruptora de menores, chamem a polícia, prendam essa mulher".

Na segunda, um homem, depois do nascimento da filha, descobriu sua homossexualidade, separou-se e foi morar primeiro com os pais e depois com um namorado. Perdeu o pátrio poder sobre a filha, por decisão judicial, portanto deixou de ser pai. Não conseguiu provar que a ex-esposa mudou de domicílio e, alegando vingança pelo final do casamento, jamais permitiu um encontro dele com a criança, tendo conseguido se esconder por anos.

A terceira ocorreu durante um psicodrama público cujo tema era "O atendimento de pessoas da diversidade sexual". O grupo era composto por educadores que exerciam sua função na rua e alguns psicodramatistas que atendem em consultório. Esses dois subgrupos entraram em conflito: os educadores alegavam que a diretriz dos psicoterapeutas era "higiênica" e não atingia os indivíduos marginalizados e do submundo. A cena criada na sessão pública mostrava um casal se relacionando em sexo grupal (homo e heterossexual) ao redor de pessoas que estimulavam esse tipo de relacionamento. Os comentários da plateia, após a cena dramatizada, eram os de que a cena continha "excessiva sexualidade, gesticulação e movimentação de baixo nível, sem nenhuma sutileza, cruel e abominável".

Um dos criadores respondeu: "Esta cena retrata a realidade sem véu da parcela da população que eu convivo, e mostrar a realidade deveria ser motivo para conhecermos mais o mundo real".

CONCLUSÃO

O psicodrama possibilita que as pessoas vivam no espaço da dramatização todos os papéis que desempenhamos na sociedade. Ele possibilita agir naquilo que não nos permitimos na vida.

Num psicodrama público, como uma cena proposta de agressão entre um homem heterossexual e um homem homossexual, a inversão de papéis vai possibilitar que o primeiro sinta como é ser discriminado, agredido, humilhado.

Essa cena permitirá que a plateia se identifique e se modifique.

REFERÊNCIAS BIBLIOGRÁFICAS

Bryner, J. "Study: homophobes may be hidden homosexual". *LiveScience*, 9 abr. 2012. Disponível em: <http://www.livescience.com/19563-homophobia-hidden-homosexuals.html>. Acesso em: 11 jun. 2015.

Carmo, P. S. *Entre a luxúria e o pudor*. São Paulo: Edusp, 2010.

Costa, R. P. T. *Videopsicodrama*. São Paulo: Edição do Autor, 1980.

________. *Os onze sexos: as múltiplas faces da sexualidade humana*. São Paulo: Kondo, 2005.

Maciel, E. "A cada hora, um gay sofre violência no Brasil". *Estado de S. Paulo*, 21 nov. 2014.

Monteiro, R. F. "Teatro espontâneo: um ato político". *Revista Brasileira de Psicodrama*, v. 12, n. 6, São Paulo, 2004.

Moreno, J. L. *Psicodrama*. São Paulo: Cultrix, 1972.

Organização Mundial da Saúde (org.). *Classificação de Transtornos Mentais e de Comportamento da CID-10*. Porto Alegre: Artes Médicas, 1993.

Paglia, C. *Personas sexuais*. São Paulo: Companhia das Letras, 1992.

Weinberg, G. *Society and the healthy homosexual*. Nova York: St. Martin Press, 1983.

4. Psicodramas públicos sobre o racismo contra os negros no Brasil – Uma perspectiva da multiplicação dramática

Pedro Mascarenhas

Pretendo desenvolver aqui uma análise do trabalho que venho realizando nos últimos anos com o tema do racismo contra os negros no Brasil, sobre o qual já realizei cinco psicodramas públicos, sendo dois com a participação de minha colega negra, Maria Célia Malaquias, e de membros do movimento negro, e outros três sozinho.

PSICODRAMA E SUA RAIZ TEATRAL

Segundo J. L. Moreno, as raízes do psicodrama estão no teatro, na sociologia e na psicologia. Entre as diversas práticas do psicodrama, o psicodrama público é o que mais se aproxima do teatro. A palavra "teatro" significa "lugar de onde se vê". A especificidade do teatro psicodramático é: autor, ator e plateia coincidem. Encenamos a vida dos participantes, com os participantes e para os participantes. Também coincidem o momento de escrita da peça e o momento da apresentação.

Mas as raízes teatrais também se evidenciam de outras maneiras. Na história do teatro, desde a Grécia Antiga, nos séculos VI, V e IV a.C., sempre se ressaltou o caráter fundador constitutivo da tragédia. O psicodrama público é instrumento privilegiado da vida cívica por meio do instante de passagem da vida privada para a vida pública. Ele recupera essa concepção entre a palavra psicológica, íntima e doméstica (*oikos*), drama do eu-tu, e a palavra política, pública e coletiva (*polis*), lugar da nossa tragédia. Era por meio da tragédia no teatro que, na Antiguidade, os gregos articulavam a passagem do mito ao político (Dunker, 2011).

PSICODRAMA PÚBLICO COMO DISPOSITIVO

Penso o psicodrama público como um dispositivo. A palavra "dispositivo" se origina do grego *oikonomia*, gestão do *oikos*, que quer dizer "gestão da casa" (como estamos gestando a nossa casa/grupo/sociedade). Agamben (2009, p. 92), acrescentando ao pensamento de Foucault novas concepções, chega à seguinte proposição:

> Dispositivo passa a ser qualquer coisa que tenha de algum modo a capacidade de capturar, orientar, determinar, interceptar, modelar, controlar e assegurar os gestos, as condutas, as opiniões e os discursos dos seres viventes. [...] O dispositivo atua naquilo que denomina processo de subjetivação.

Uso o termo "dispositivo" nessa direção proposta por Agamben e também, mais especificamente, no sentido que Ana Maria Fernández (2007, p. 311) o emprega:

> Refere-se a artifícios tecnológicos desenhados por nós nas intervenções institucionais e ou comunitárias [...] pensados como máquinas que dispõem a [...] que criam condições de possibilidade, que provocam ou põem em visibilidade e eventualmente em condições de enunciabilidade de latências grupais, institucionais e ou comunitárias.

Esse dispositivo psicodramático, trabalhando com o racismo contra o negro no Brasil, tenta mapear as seguintes questões: que espaço ocupam brancos e negros na sociedade brasileira? Como o racismo aparece em nosso cotidiano? Qual o mapeamento possível de nossa subjetividade branca/negra? Podemos tentar desenvolver uma microcriação coletiva entre brancos e negros? Uma experiência de micromiscigenação? Que obstáculos encontraremos?

PSICODRAMA E SOCIODRAMA

O sociodrama e o psicodrama são ramificações da mesma árvore: o teatro da espontaneidade criado por J. L. Moreno entre 1922 e 1925 em Viena. No sociodrama, o grupo concorda em abordar temas sociais por meio de seus pensamentos, sentimentos, fantasias e valores. Eles são trabalhados pelo viés das relações intergrupais, das ideologias, e focados no trabalho específico que o tema exige. O protagonista, a rigor, é o próprio grupo ou uma situação ligada ao tema. Além de mapear conflitos, o sociodrama permite exercícios de criação coletiva que propiciam aprendizado e mudanças relacionadas ao tema trabalhado.

Para J. L. Moreno (1975, p. 411), sociodrama "é um método de ação profunda que investiga e trata as relações intergrupais e as ideologias coletivas." Ainda segundo Moreno, o sociodrama trabalha com identidades. Cukier (2000, p. 78) assinala que "identidade de papel" é como Moreno chamava o que hoje denominamos identidade étnica: "os negros consideram a si mesmos um coletivo singular, o negro, uma condição que submerge todas as diferenças individuais [...]. A essa identidade chamaremos identidade de papel".

Na década de 1940, J. L. Moreno publicou um protocolo psicodramático realizado numa universidade americana: "O problema negro-branco" (Moreno, 1961). Em 1949, o sociólogo negro Alberto Guerreiro Ramos introduziu regionalmente no Rio de Janeiro a psicoterapia de grupo, o psicodrama e o sociodrama por meio de seu trabalho sociológico com relações raciais no Instituto Nacional do Negro. Ele recomendou à Unesco a utilização do sociodrama para trabalhar os problemas decorrentes das relações raciais (Malaquias, 2007).

O psicodrama foi introduzido mais amplamente no Brasil por psicodramatistas argentinos a partir de meados da década de 1960. O trabalho de multiplicação dramática se insere na tradição do psicodrama psicanalítico da Argentina.

O PSICODRAMA PSICANALÍTICO

Vamos caracterizar esse movimento em linhas gerais (Pavlovsky, 1988). O psicodrama psicanalítico iniciou-se na França, em meados de 1950, ligado à psicoterapia infantil e ao trabalho em instituições, com psicanalistas como Monod, Lebovici, Anzieu, Diatkine, Kestemberg, Schutzenberger, Widlöcher, entre outros. Já o movimento de psicodrama psicanalítico argentino iniciou-se em 1962 com Martinez Bouquet, Moccio e Pavlovsky, igualmente ligados à clínica de psicoterapia infantil, mas também à de adolescentes. Bustos também integra psicodrama e psicanálise, porém com uma referência moreniana mais marcada.

Entre nós, no Brasil, temos uma recente publicação – *Lacaneando: ideias, sensações e sentidos nos seminários de Lacan* (Saltini e Flores, 2010) –, na qual um grupo de estudos coordenado por José Fonseca apresenta muitas articulações críticas do psicodrama com a psicanálise.

Os movimentos francês e argentino se diferenciam por:

1. Os grupos franceses focam em atendimento a crianças e em formação de adultos, ao passo que os grupos argentinos focam em atendimento a crianças, adolescentes e adultos, além do acolhimento a quem procura formação.
2. A edipização é central para o francês; para o argentino, não. Para este último, a leitura do grupo não está atravessada somente pela problemática edípica, mas também por outras determinações das formações imaginárias grupais, como a rede de identificações cruzadas ou sociométrica, as ilusões e os mitos grupais e institucionais. Seu trabalho é mais ligado à noção de transversalidade de Guattari.
3. A transferência é central nos grupos franceses; nos grupos argentinos ela é indiscutível, mas não central. O referencial teórico do psicodrama psicanalítico argentino está marcado tam-

bém pela dinâmica dos papéis dentro do grupo, da catarse integradora e do que J. L. Moreno chama de *tele*, um sentimento recíproco entre o psicodramatista e o paciente, base do jogo e do brincar infantil. Isto é, o psicodrama psicanalítico argentino é mais próximo de conceitos morenianos, ao passo que o francês é mais próximo de conceitos psicanalíticos mais estritos.

A eficácia simbólica do psicodrama, segundo Anzieu, se dá por um mecanismo específico: o efeito de questionamento e a atualização dos mitos grupais, familiares e institucionais que o jogo dos papéis deixa transparecer.

A cena do contexto dramático e a do contexto grupal convocam toda a fantasmática dos indivíduos. Compreendê-la e ver a implicação de cada integrante é a tarefa fundamental dos grupos psicodramáticos. Isso é o que Pavlovsky chama de "concepção dramática da psicoterapia", ou, em outras palavras, o conceito de cena que vai além do indivíduo ou do grupo e é a marca específica do seu trabalho, junto com o estudo da criatividade.

PSICODRAMA E MULTIPLICAÇÃO DRAMÁTICA

A multiplicação dramática é uma modalidade de trabalho psicodramático cujo conceito começa a se delinear na década de 1970. Em 1989, foi publicado originalmente na Argentina o livro *La multiplicación dramática* (Kesselman e Pavlovsky), traduzido para o português em 1991 e prefaciado por mim, cuja frase tema é "Multiplicar em vez de reduzir".

Recentes discussões e avanços do conceito podem ser encontrados na revista *Lo Grupal* (de 1983 até hoje). Há material sobre o tema também em minha monografia, *Multiplicação dramática, uma poética do psicodrama* (Mascarenhas, 1995). Recentemente, em 2007, foi publicado o livro *Las lógicas colectivas: imaginarios, cuerpos y multiplicidades*, de Ana Maria Fernández (2007), no qual a autora relata suas reflexões sobre a prática da multiplicação dramática na cátedra I de Teoria e Técnica de Grupos da Faculdade de Psicologia da Universidade de Buenos Aires, articulando referências castoriadianas, foucaultianas e deleuzeanas.

A pergunta que faço na elaboração de qualquer multiplicação dramática é: quais são as insistências temáticas? Quais elementos cênicos se repetem? O objetivo é poder indicar, como hipótese, que diferentes lógicas coletivas podem estar presentes no imaginário social.

É necessário que se faça essa procura tanto nas cenas construídas no "como se" do contexto dramático como nas implícitas do contexto grupal, que incluem todos os participantes e a equipe de coordenação.

A PRINCIPAL REPETIÇÃO EM SITUAÇÕES DE RACISMO: TRÍADE DE CONHECIMENTO CRUEL

No trabalho com o racismo, a dor da humilhação e da tentativa deliberada de eliminação do sujeito é uma das repetições, talvez a mais central e importante a ser pensada. Ela resulta na ruptura de nossa imagem, de nossa integridade. Contém humilhação e provoca contra-humilhação, produzindo e reproduzindo dor, exclusão, ódio e ameaça de eliminação, ou a própria eliminação. Todo esse quadro indica aquilo que Ulloa (1999) aponta com a denominação de tríade do conhecimento do cruel: exclusão, ódio e eliminação, manifestações que ocorrem com frequência em guerras, torturas, traumas coletivos, isto é, nas situações de desumanização.

> En el proceso de la crueldad existe una tríada. Ese fetichismo que se ha organizado, esa reproducción de los valores que se han recibido y que se ve amenazado frente a lo distinto, frente al diferente, frente al negro, frente al judío, frente al comunista, frente al blanco, frente al semejante distinto y es

> ahí donde, precisamente, aparece la tríada del conocimiento del cruel: que es la exclusión, el odio y la eliminación.

A provocação humilhante é desqualificadora, impactante e, por isso mesmo, paralisante do processo de conhecimento e da criação.

CONTEXTO SOCIAL E HISTÓRICO DO RACISMO, DA ESCRAVIDÃO E DA TORTURA NO BRASIL

Na análise do contexto social e histórico, sabemos que a escravidão, que durou cerca de 400 anos neste país, ressurge a cada suplício expresso nas diversas cenas do psicodrama público. E não só a escravidão do período histórico passado, no século XIX e anterior, mas também as situações de tortura que o Brasil viveu durante a fase de ditadura, a partir de abril de 1964, que foram inspiradas, segundo diversos autores, nos requintes dos castigos da escravidão, com o objetivo de arrancar informações, punir ou simplesmente humilhar e eliminar, como descrito acima no conceito de conhecimento cruel. Hoje, a prática da tortura continua amplamente presente na sociedade brasileira em diversos processos judiciais.

O RACISMO UNIVERSAL

A discriminação, o ódio ao outro e a vontade de extermínio estão presentes ao longo de toda a história da humanidade. Como afirma Castoriadis (1987, p. 27-42),

> o Antigo Testamento é o primeiro documento racista escrito que possuímos na história. O racismo hebreu é o primeiro de que temos vestígios escritos – o que, por certo, não significa que seja o primeiro, de forma alguma.

Logo depois, no mesmo texto, o autor (idem) afirma:

> O racismo participa de alguma coisa muito mais universal do que aceitamos admitir habitualmente. O racismo é uma transformação ou um descendente especialmente violento e exacerbado [...] de uma característica empiricamente quase universal das sociedades humanas. Trata-se, em primeiro lugar, da aparente incapacidade de se constituir como um si mesmo sem excluir o outro; em seguida, da aparente incapacidade de excluir o outro sem desvalorizá-lo, chegando, finalmente, a odiá-lo.

São muitos os exemplos de grandes matanças justificadas por posições racistas: as Cruzadas; o povo armênio nas mãos dos turcos; os povos ucranianos contra os judeus em 1648 e ao final da Primeira Guerra Mundial; os acontecimentos no Gulag na época de Stalin e no Camboja; os indígenas nas Américas; as limpezas étnicas nos Bálcãs, na África, ou no Afeganistão; o extermínio num verdadeiro campo de concentração a céu aberto da população palestina etc.

Se ao longo da história mundial podemos constatar a existência de diferentes povos vítimas de racismo, no Brasil temos peculiaridades a ser sublinhadas. A nação brasileira se constituiu, a partir do século XV, contra as nações indígenas e com a sua escravização junto à da população negra, dizimando as sociedades africanas sistematicamente e, além de tudo, com o aval do governo português, do brasileiro e da Igreja, que contribuía decisiva e organizadamente, segundo os princípios econômicos e políticos da época. Totalmente diferente é o racismo contra os judeus, os orientais ou mesmo os nordestinos no Brasil, só citando alguns dos mais evidentes.

A POLÍTICA DE COTAS

Ninguém advoga uma política de cotas para os judeus, os orientais ou os nordestinos, não tem sentido. Mas uma política de cotas para negros e indígenas tem suas razões. O Estado foi um agente produtor e multiplicador do racismo contra o negro e o índio no Brasil. Podemos pensar que o racismo dos nazistas contra os judeus, na primeira metade do século XX, caracterizou-se como uma industrialização, globalizada pelo capitalismo, do racismo, o que multiplica seu horror e nos faz pensar radicalmente o que significa hoje qualquer racismo.

Elaborar o luto de um massacre de dimensões massivas é uma tarefa possível para a humanidade? Alguns autores acham que essa é a tarefa organizadora do inconsciente das nossas gerações (Kijak, 2008). Como elaborar a existência massiva, na contemporaneidade, de grandes campos de concentração onde se situam os homens matáveis para o racismo? Essa é a problemática elaborada por Agamben nas obras *Homo Sacer*, de 2002, e *Estado de exceção*, de 2004.

O CONTEXTO GRUPAL: CHOQUE E O HORROR

Passemos, agora, para uma análise do contexto grupal. Com o alto grau de violência do conhecimento cruel, já era esperado que diversas cenas fossem dolorosas. Mas, apesar disso, ao se apresentarem, elas mantêm o horror do inesperado doloroso. Choque traumático crônico, inesperado e, ao mesmo tempo, já esperado. Um excesso traumático transbordante que denuncia um circuito: sensação desagradável de hoje, despertar da dor primeira minha ou de meu ancestral. Superinvestimento narcísico e de objeto, que gera um gigante afetivo muito perturbador da estabilidade psíquica. Corpo estranho, estranhamente íntimo, que provoca ruptura de associações e paralisia do pensamento e da criatividade.

NEUROSE TRAUMÁTICA CONTINUADA

Psicanaliticamente falando, penso que estamos diante daquilo que Freud chamou de neurose traumática em sua elaboração iniciada com *Além do princípio do prazer*, na década de 1920, a respeito da pulsão de morte, o que se chama na atualidade de "irrupção do real". A força violenta do trauma extravasa todas as possibilidades de registro e metabolização pelo recalque e dos deslocamentos via cadeia dos significantes, como ocorre nas psiconeuroses.

A permanência dos aspectos traumáticos racistas da sociedade e a tentativa de elaboração do psiquismo com a compulsão de repetição se potencializam em um círculo vicioso. O impensável se fixa como força terrorífica, que produz um estado de sideração traumática, destruidora de pensamento, ao mesmo tempo familiar e estranha. O tempo se fixa num passado que não passa, sem abertura para um acontecimento inédito. O caminho dos cuidados e da ternura não visa ao desrecalque ou à elaboração edipiana do contexto, mas à possibilidade de início de registro erótico de ternura perante tamanha violência traumática. Isto é, à possibilidade de que se abra uma fenda nesse tempo fixado num passado que não passa.

A vivência coletiva desse processo em grupos públicos é de importância decisiva para a restauração da dignidade e da capacidade de pensar e criar. Essa dimensão pública da clínica vai permitir a convalidação de verdades históricas, sem desconsiderar a realidade fantasmática também presente.

A TERNURA

Mas o que é ternura? Comecemos pela etimologia da palavra: vem do latim *tenire*, que significa "apreciar muito alguém". É na ternura que, provendo proteção, se apoia a necessidade de contato humano, corporal e psíquico, permitindo a manutenção do narcisismo e de um tom identitário de base. Isso permitirá a organização das histórias ligadas às fantasias e também das histórias coletivas compartilhadas, com a emergência do sentimento de ser, isto é, de estar vivo e reconhecido na sua singularidade, podendo procurar prazer na criação estética e engendrando uma estrutura mínima enquadrante do psiquismo.

A POSIÇÃO DO DIRETOR

Qual é a posição do diretor de psicodrama ao abordar o racismo? A primeira questão é que o diretor não pode ser neutro, precisa deixar-se interrogar e se afetar, compartilhando sentimentos, fatos de sua própria história e associações. Esse compartilhar vai se somar ao compartilhar do grupo, produzindo cruzamentos de trajetórias e triangulações diversas, necessárias para que um objeto psíquico traumático separado da cadeia significante comece a ser representado.

No caso específico de um psicodrama codirigido, no qual um diretor é negro e o outro é branco, penso que essa formação funciona como um compartilhar em ato, colocando, já de saída, uma posição na qual é exposta uma possível colaboração entre pessoas de cor de pele diferente.

Uma possível identificação miscigenada já é oferecida. O diretor de psicodrama, quando aborda catástrofes traumáticas continuadas, patrocinadas pelo Estado, como no caso do racismo contra o negro no Brasil, não pode fugir de testemunhar os efeitos subjetivos deletérios que percebe no outro que narra e também na sociedade como um todo. Esse racismo difere de outras catástrofes traumáticas. Não é a mesma coisa ser sobrevivente da violência de uma enchente e sobrevivente de um contínuo traumatismo deliberado por outros.

A questão da vitimização é uma armadilha a ser evitada. Seria uma cronificação do estatuto de vítima. Entretanto, é necessário reconhecer a queixa de racismo como procedente. A questão da participação e corresponsabilidade na manutenção da atitude racista pela vítima deve ser considerada depois, não em primeiro plano. Esses psicodramas públicos sobre o racismo evidenciam a experimentação da ternura, da escuta, do compartilhar, da criação coletiva, da intensidade da própria potência criadora coletiva, da convalidação estética. Isso poderá inscrever, num plano vivencial coletivo, novas práticas produtivas e significativas de associação entre os movimentos sociais. A contraposição da experiência da tríade do conhecimento do cruel à experiência de ternura na co-criação e coexperiência foi também apontada por Ulloa.

Ao longo dos psicodramas públicos, vemos os processos criativos múltiplos e heterogêneos desenvolvidos nas cenas de criação coletiva que ao mesmo tempo articulam crítica e clínica. Um encontro alegre e triste, mas, sobretudo, potencializador, com a aproximação ao outro e o aprendizado pela diferença. Sem totalizações num universo fragmentado e imprevisível. Manifestações diversas da expressão vital.

Podemos localizar expressões das forças reativas do pensamento escravo, ressentidas e culpadas, às vezes pela intensidade do ódio com efeitos paralisantes; e também forças da suavidade, da tolerância com a diversidade.

REFERÊNCIAS BIBLIOGRÁFICAS

Agamben, G. *O que é o contemporâneo? e outros ensaios*. Chapecó: Argos, 2009.

Castoriadis, C. "Reflexões sobre o racismo". In: ________. *O mundo fragmentado: as encruzilhadas do labirinto*, III. Rio de Janeiro: Paz e Terra, 1987.

Cukier, R. "O psicodrama da humanidade. Utopia: será?" *Revista Brasileira de Psicodrama*, v. 8, n. 1, São Paulo, 2000, p. 69-82.

Dunker, C. *Estrutura e constituição da clínica psicanalítica: uma arqueologia das práticas de cura, psicoterapia e tratamento*. São Paulo: Annablume, 2011.

Fernández, A. M. *Las lógicas colectivas: imaginarios, cuerpos y multiplicidades*. Buenos Aires: Biblos, 2007.

Kesselman, H.; Pavlovsky, E. *A multiplicação dramática*. São Paulo: Hucitec, 1991.

Kijak, M. "La violencia masiva extrema. Los psicoanalistas frente al nazismo". In: Fiorini, L. G. (org.). *Los laberintos de la violencia*. Buenos Aires: Lugar; APA, 2008, p. 71-90.

Malaquias, M. C. "Percurso do psicodrama no Brasil: década de 40: o pioneirismo de Guerreiro Ramos". *Revista Brasileira de Psicodrama*, v. 15, n. 1, São Paulo, 2007, p. 33-39.

Mascarenhas, P. *Multiplicação dramática, uma poética do psicodrama*. Monografia (credenciamento para prof. supervisor) – Sociedade de Psicodrama de São Paulo, São Paulo, 1995.

Moreno, J. L. *Psicodrama*. Buenos Aires: Ediciones Horme, 1961.

________. "Sociodrama". In: *Psicodrama*. São Paulo: Cultrix, 1975.

Pavlovsky, E. "Psicodrama analítico. Su historia. Reflexiones sobre los movimientos francés y argentino". In: Brasi, J. C. D. *et al.* (eds.). *Lo Grupal*, v. 6, Galerna; Búsqueda, 1988, p. 11-54.

Saltini, C.; Flores, H. G. (orgs.). *Lacaneando: ideias, sensações e sentidos nos seminários de Lacan*. Rio de Janeiro: Wak, 2010.

Ulloa, F. *Desamparo y creación*, 1999. Disponível em: <http://www.psicofisiologia.com.ar/index.php?option=com_content&task=view&id=403&Itemid=29>. Acesso em: jul. 2015.

5. Mascarada da contemporaneidade*

Mario Buchbinder

INTRODUÇÃO

Uma de minhas hipóteses é de que a ação em espaços públicos apresenta continuidade com os espaços privados, e de que a maneira como alguém "atua" em um dos espaços é solidária com a maneira como o faz no outro, ainda que não poucas vezes haja contradições entre eles.

Os cenários da contemporaneidade estão marcados pelo momento atual do capitalismo, com avanços extraordinários na tecnologia e no progresso, com guerras de todo tipo, com o colonialismo, com desigualdades também intensas, com a iniquidade, com o reinado desapiedado da mercadoria, com a globalização e o bombardeio da informação e do mercado, com a ruptura de identidades (e a necessidade de recuperar, não melancolicamente, algo destas e de construir outros espaços da multiplicidade de identidades), assim como a pressão pela imperiosidade de gozar como paradigma estético e ético, junto à sociedade do espetáculo, espetáculo da mercadoria, como definia Guy Debord (1995).

Mascarada da contemporaneidade se refere a dois aspectos. Primeiro, à Mascarada que realizamos como dispositivo que gera elaboração, desmascarante, criativo e espetacular, que explicito mais adiante. Historicamente, retomo a denominação das festas

* Tradução para o português de Olga Passarelli.

medievais que se enlaçam com o carnaval. O outro aspecto se refere a um sentido crítico da realidade no que tem de desmascaramento, falsidade e ocultamento da cultura na contemporaneidade. Por exemplo, quando alguém diz: "Esta campanha eleitoral é uma mascarada". Aqui, a palavra é usada em sentido crítico, como falsidade, diferente de como a usamos na prática que realizamos e também nas festas. Neste trabalho, vou me referir ao primeiro aspecto, mas não deixarei de mencionar o segundo.

A história do teatro e em especial da tragédia, entre outras, pode nos oferecer guias adequados para nosso trabalho. Será que nós, psicodramatistas, temos consciência de alguns dos aspectos trágicos da contemporaneidade?

Não serão as boas intenções, nem nos oferecermos como pai ou boa mãe, que permitirão instalar o psicodrama nos desafios da contemporaneidade, sim o desenvolvimento dos interrogantes, daquilo que cada um considera adequado para esses desafios, como a paixão pelo cenário, a potência da cena, possibilitar graus de autonomia e expressão dos sujeitos nos dispositivos gerais, extremar as possibilidades geradas por essa disciplina fundada por Moreno sem ficar na conserva cultural nem no endeusamento de sua figura. Essa é, como eu entendo, a proposta deste capítulo.

MASCARADA

Uma das áreas de investigação que desenvolvemos com máscaras, desde o Instituto da Máscara, é a psicodramática, expressiva e teatral. O Instituto foi criado em 1975; a Mascarada, em 1978, por este que escreve estas linhas e pela licenciada em Letras Elina Matoso.

Confluem na Mascarada o corporal, a cena, a relação ator-espectador, a máscara, a participação ativa do público, a problemática do espaço cênico, a relação com o texto prévio e a produção de sentido pelos atores, a criação plástica com técnicas acessíveis a um público não iniciado e a possibilidade de "usar" esse produto artístico. O espírito de Moreno para com o psicodrama público, o teatro da espontaneidade, o "Jornal Viviente", a passagem ao psicodrama e seu pensamento em relação ao teatro, a importância dada por este à participação do público, o teatro de massas de Max Reinhardt, entre outros, marcaram a utopia da Mascarada.

A Mascarada é um espetáculo participativo, um fato criativo, uma performance, em que o público participa fazendo suas próprias máscaras, com técnicas plásticas simples, e depois interage em cenas e jogos corporais com elas. O âmbito no qual ela se realiza passa a ser um espaço cênico.

Na experiência, o público é convidado a fazer máscaras. Para isso, há mesas de trabalho nas quais, com técnicas e materiais acessíveis, é possível criá-las. Em cada mesa reúnem-se de 20 a 30 pessoas, e um coordenador orienta essa etapa que denominamos plástica, de confecção de máscaras. Depois, passamos ao momento de colocá-las no corpo. São gerados, assim, diferentes jogos grupais em torno das máscaras colocadas, e são mantidos os grupos onde elas foram criadas.

Outra fase é a interação com as máscaras de todos os participantes na Mascarada. Hierarquiza-se o jogo, a possibilidade de relacionar-se, de fazer por intermédio da máscara a produção cênica, o trabalho corporal.

Em nossa experiência, comprovamos que a máscara atua como um facilitador do jogo em geral, do jogo cênico em particular e da participação, permitindo ao público ter uma atitude ativa.

MOMENTOS DA MASCARADA

1. Entrada do público e apresentação geral.
2. Construção de máscaras em pequenos grupos.
3. Uso das máscaras construídas, nos mesmos grupos.

4. Interação, no grupo formado por todo o conjunto dos participantes, com cenas, protagonistas, trabalho corporal e danças.
5. Encerramento.

Realizamos Mascaradas para, aproximadamente, 50 pessoas; outras vezes, para 500. Nossa coordenação trata de orientá-la e dirigi-la com etapas que possibilitem um bom clima, para dar lugar a um espaço lúdico.

A Mascarada reuniria, em síntese, um aspecto de jogo e um de espetáculo. Em um sentido não tradicional, é tanto um como outro.

Não é um jogo, nem uma festa, nem um espetáculo, nem um ritual; é tudo isso ao mesmo tempo. São produzidas algumas transformações:

1. Modificação do espaço cênico, já que todo o espaço em que se desenvolve a Mascarada passa a ser cenário.
2. São modificados os cânones de interpretação e atuação; passam pela improvisação e se produz uma sequência ao "vivo" de cenas espontâneas, articuladas ou não entre si.
3. A participação ativa do público modifica a relação ator-espectador e o protagonismo é massivo.

A máscara tem sido utilizada desde as origens da humanidade. Não podemos entender um ritual, um cerimonial do ser humano primitivo se não pensarmos nela. As máscaras continuam presentes nas festas dionisíacas, nas saturnais romanas, no carnaval.

Acreditamos que a recuperação da máscara na atualidade dá a possibilidade de jogar com ela, com sua história universal, pessoal e com seus mitos. A possibilidade de uma população interatuar com as máscaras (referimo-nos às que formam a parte essencial na constituição de uma sociedade, uma comunidade ou uma tribo) é uma via privilegiada na integração tribal, comunitária e na abertura para compreender e integrar as diferentes culturas regionais de uma nação, de uma região.

Na Mascarada, fica ressaltado o caráter festivo. A festa é comunidade, é silêncio, é palavra, é congregação, é criação de outro tempo. Somente se dá na medida da participação. A festa é liberdade. Nossa intenção é que a Mascarada também seja.

Há uma continuidade entre a festa, o carnavalesco, o teatro, o psicodrama, o psicodrama público e o teatro espontâneo. Cada uma dessas práticas tem aspectos, com graus maiores ou menores, de cada uma dessas modalidades, e essa confluência pode enriquecer as outras.

Se o teatro e o psicodrama têm um alto grau de estruturação, a festa e o carnavalesco têm pautas cerimoniais particulares e na cena primam o dionisíaco e a possibilidade de maiores graus de desestruturação.

Na arte, como na vida, sempre há algo que excede os gêneros e as definições. As máscaras e a Mascarada são excessos da identidade como formalidade, da verdade como verdade única, do lugar da cena, da relação entre história e ficção. O uso da máscara permite dar ato de presença a esse outro que cada um é. Cada um também é interrogado na medida em que se fazem presentes multiplicidades de personagens de si e dos outros. A discursividade e seu outro, o texto simbólico e semiótico, o outro da identidade e a identidade.

Por que surgiu a Mascarada em plena ditadura militar e seguimos mantendo-a todos estes anos? Trata-se de uma festa de verdades no ocultar e descobrir como epítome da *aletheia*, como verdade; como a festa da resistência ante a pressão de ser como nos impõem os meios (de comunicação?). Festa de sair a uma subjetividade sem atributos. Sair da identidade de uma disciplina, sem renegar nenhuma delas, mas deixando o cenário vazio como lugar de criação, cerimônia sem regras e com regras muito precisas. É sair da ditadura militar e sair da ditadura da cultura oficial. É ressaltar as políticas da subjetividade por cima do poder, sem desconhecê-lo, ressaltando a potência do não ser no ato de criação prometeica de seres efêmeros.

Em algumas das cenas, ver pessoas com máscaras caminhando sem rumo fixo, sem saber, parece um caminhar eterno. Será a famosa **errância** dos humanos na história que se faz presente nessa cerimônia?

Nós os convocávamos a uma errância coletiva, na confiabilidade dessa cerimônia, no passar do tempo, nas ditaduras e/ou democracias com diversos graus de confiabilidade, para representar esse transitar sozinho ou acompanhado pelo jogo das temporalidades.

Essas cenas muitas vezes não têm um argumento explícito. Aquele que coordena pode não saber o que sucede no interior de cada um, e aqueles que estão atrás das máscaras, muito menos, no entanto há muito em comum nesse não saber. Será a teatralidade do que alguns tratam de definir como a comunidade inconfessável (*désoeuvrée*) ou sem tarefa? Trata-se de um jogo de ocultar e desocultar que os gregos chamam de *aletheia*, palavra com que se conota a verdade.

Como aconteceu conosco, em plena ditadura, um exercício *ingênuo* do jogo com máscaras? Era um ato preventivo diante do perigo. Quando não tínhamos de fazer nada, deixar de nos perturbar com os grupos, chamávamos a reunirem-se com quem fosse para construir uma máscara e agir, **ser participativo e não somente expectador**. Outra forma de participação naquele momento seria impossível, corríamos o risco de perder a vida.

CONSIDERAÇÕES

O psicodrama nasce abrindo ao público aquilo que estava cerrado na intimidade de um sujeito ou de uma sessão; ao incorporar o teatro, o teatro interno de um sujeito (individual e/ou coletivo) torna-se público.

O teatro foi fundado na Grécia no século V a.C., junto com a *polis* e a filosofia que ressalta, respectivamente, a representação, o público e o pensamento filosófico.

Como incide o público desta contemporaneidade no psicodrama e vice-versa? Devemos diferenciar o público do exibicionismo e do pornográfico?

Um dos interrogantes é se o espaço do atual ao se abrir ao público se repete, se une simbioticamente a este ou com ele dialoga e/ou o transforma.

PSICODRAMA E CONTEMPORANEIDADE

Trata-se, dentro das propostas do psicodrama, em meu parecer, de encontrar com a especificidade da verdade de cada comunidade e cada singularidade, de cada identidade, e possibilitar que se abram à multiplicidade de sentidos, seja pela sublimação, pela catarse de integração, pela construção de metáforas cênicas ou outras. Não submeter à criação um sentido único, chame-se este como se chame. Abrir a riqueza de significações que o ato em si possibilite.

Durante a Mascarada com as mães da "Plaza de Mayo", uma das mães, quando construía sua máscara, disse: "Faço os olhos para que continue olhando, abro estes buracos no plástico para que entre ar, para que continue vivendo". Enquanto falava, seus olhos se iluminavam e se umedeciam. Ela era consciente de que seu filho havia desaparecido e provavelmente fora assassinado, mas continuava pensando na vida. A vida na Mascarada parecia vencer o atroz dessas mortes. Não se tratava de lhe explicar nada. Ela, por meio de sua sabedoria de anos de ação, marcava caminhos de vida e luta.

Quais paradigmas levam o psicodrama ao público na contemporaneidade?

O psicodrama tem em si algo de público, tem parentesco com a ação, com o teatral, com a reforma social, com o dar amor, a paz universal. Quanto essa associação leva a cumprir alguns desses objetivos ou em que medida leva a que se diluam em apenas mais uma prática? Deve-se liberar desses pressupostos ou levá-los a seu máximo desenvolvimento?

Muitos psicodramatistas aderem a um fim pedagógico e reformador sobre os atos e as consciências dos que participam das cenas. Esse afã não é muito distante do que exercia o realismo socialista, do tempo do chamado socialismo real, em que o herói bom resumia os gestos e a moral que um ser humano deveria ter. Rancière (2010) fala do mestre ignorante que acompanha os participantes em suas experiências: não se trata de fazer os participantes bons e amorosos, e sim de ajudá-los a encontrar as próprias cenas, a própria subjetividade e os espaços, para que desenvolvam graus de liberdade, amorosidade e laços possíveis com os outros. Estamos diante de uma tarefa muito complexa.

Picasso pinta *Guernica*, ação pública, depois de ter pintado *Las señoritas de Avignon*, ação privada, de cavalete, que dá uma guinada na pintura com a criação do cubismo. O posicionamento adiante da pintura lhe permitiu fazer o grande mural. A ética e a estética não estão desvinculadas da pintura de cavalete, assim como do grande mural.

EQUILÍBRIOS ENTRE DENEGAÇÃO, DESMASCARAMENTO E POSIÇÃO CRÍTICA

Diante da dor e do sofrimento, alguns sugerem, como única via, uma mensagem de amor e paz. É claro que estes são apreciados, mas podemos nos perguntar se essa é a "tarefa" do psicodrama, se essa via não levará a um caminho fechado, a uma negação do real, a um cuidado e a uma cura pelo amor idealizado e denegatório *versus* a possibilidade de construir metáforas cênicas em que possam estar presentes o amor desmascarante e criativo, a subjetivação, a representação do real, o expressivo e o ficcional.

O PSICODRAMA: ALGUNS DE SEUS INTERROGANTES

Qual é o papel do psicodramatista no momento atual? Que semelhanças e diferenças podemos estabelecer com as décadas anteriores?

Podemos abordar essas questões considerando vários aspectos: a relação com a catarse, as esperanças do efeito transformador do psicodrama sobre a sociedade, a relação com o teatro, com outras disciplinas, com Moreno, com as instituições do psicodrama, com a crítica e a autocrítica.

O diretor ou coordenador pode aparecer no lugar do sujeito do saber-poder ou como um facilitador das cenas latentes do sujeito e do grupo. Possibilidade condicionada à revisão, por parte do psicodramatista (e do psicodrama como instituição), de seu jogo com o narcisismo, com o histrionismo e com o poder.

Teriam o exibicionismo e a ostentação, característicos da corrupção, sido transladados às praias do psicodrama? Ou, pelo contrário, o psicodrama é espaço para sua análise?

A década de 1970 foi afetada pela catarse. Se o protagonista não lagrimava, o psicodramatista não ficava contente. Houve uma reflexão imprescindível sobre a relação entre a catarse e a ressignificação. Muitos se deram conta de que a primeira era tão importante quanto a segunda.

Parecem dominar no psicodrama, consciente ou inconscientemente, as teorias teatrais que valorizam, sobretudo, a identificação da pessoa com o personagem. Não há uma clara noção das diferenças entre identificação e distanciamento, oposição que tem que ver com a oposição entre teatro naturalista e teatro épico, entre Stanislavsky e Brecht.

Há um reducionismo, em alguns psicodramatistas, no que diz respeito à função política do psicodrama. Pensam que a ação social passa simplesmente pelo compromisso político. Este é imprescindível, mas creio que deve estar unido à reflexão e à crítica de suas práticas específicas.

As pressões sociais e culturais, presentes na prática psicodramática, tendem em alguns momentos ao eficientismo, a anular as diferenças, ao individualismo; a pressão para a adaptação aos ritmos do consumismo tende a renegar do passado a sua utilização lacrimogênea. Da mesma maneira, tende a substituir o decaimento temporal das ideologias e das utopias por crenças que obturam os interrogantes, a responder às diferentes teorias com triunfalismos (baseados em aderências de audiências comprometidas pela sugestão) que anulam a riqueza do intercâmbio, que levam à utilização das instituições como lugar de poder e à perda do interdisciplinar.

É a passagem entre o pessoal e aquilo que transcende a entidade de cada um. Algo do ser e da existência surge da tranquilidade da interação.

POÉTICAS

A palavra "poética" (do grego *poiesis*) refere-se à criação em geral e à criação de imagens em particular, à criação na subjetividade. Não existe o ser humano se não é em criação. Com a denominação de poética, possivelmente, ao modo de uma máscara, joga a utopia de querer unir aquilo que está desunido no Ocidente: o corpo e a palavra, a reflexão e a ação, o afeto e o entendimento, o público e o privado, o uno e o múltiplo.

Uma poética implica uma política de e na subjetividade.

A subjetividade entendida como política refere-se não só às lutas pelo poder, mas também ao poder implícito na poética e na linguagem. Implica o desconhecer o duplo aspecto de experiência e história, do entrecruzamento entre linguagem e corpo, da subjetividade individual e social.

Ao traçar o esquema das "fontes" ou "destinos" da minha prática, quero destacar: as **máscaras** que revelam o ser como semblante e como mito; **o poema e o corpo** ao limite e à plenitude da linguagem; **o ensaio** como pensamento entre o geral e o particular; **a prática clínica**, a escuta em ato (teatral, psicanalítica, psicodramática) como organizadora da fantasia e da realidade, que abre a cena ontológica.

NOTAS PARA CONCLUIR

A utopia do fenômeno grupal implica chegar às portas da subjetividade individual, assentar-se nesta e poder ultrapassá-la para chegar a um lugar comum que já não é individual, e sim comum ao humano, um espaço vazio, singular, particular e universal, comunitário.

É o lugar do umbral da porta, o de Jano, deus da mitologia romana, o das duas máscaras que custodiava as portas, a entrada e a saída. É a dialética do encontro com o contínuo e o descontínuo, da eroticidade e do sagrado, de que falava Bataille.

A máscara por si mesma exige um esvaziamento para aceder a um estádio de superação do humano que não é nem universal nem singular. O grupo deixa de ser o lugar do fenômeno de massa para defini-lo como um conjunto vazio, no qual se gera esse ente denominado ser humano.

As tarefas de grupo têm que ver, no meu ponto de vista, com o cuidado da vida e com os cuidados ante a sociedade do espetáculo.

Fica restabelecida a relação do íntimo com o público, com a liberdade da vida perante o biopoder e a possibilidade da cena à margem da pressão da sociedade do espetáculo e da mercadoria. Estas são as enunciações que menciono e que se relacionam com outros desenvolvimentos que excedem os limites deste escrito.

REFERÊNCIAS BIBLIOGRÁFICAS

Agamben, G. "La inmanencia absoluta". In: Giorgi, G.; Rodríguez, F. (orgs.). *Ensayos sobre biopolítica. Excesos de vida*. Buenos Aires: Paidós, 2007.

Bachelard, G. *La poética del espacio*. México: Fondo de Cultura Económica, 1965.

Bataille, G. *La conjuración sagrada. Ensayos 1929-1939*. Córdoba: Adriana Hidalgo, 2008.

Blanchot, M. *La comunidad inconfesable*. Madri: Arena Libros, 2002.

Buchbinder, M. *A poética do desmascaramento: os caminhos da cura*. São Paulo: Ágora, 1996.

______. *Poética de la cura*. 2. ed. Buenos Aires: Letra Viva; Instituto de la Máscara, 2008a.

______. *Poética del desenmascaramiento*. 2. ed. Buenos Aires: Letra Viva; Instituto de la Máscara, 2008b.

Buchbinder, M.; Matoso, E. *Las máscaras de las máscaras: experiencia expresiva corporal terapéutica*. Buenos Aires: Eudeba, 1994.

______. *Mapas del cuerpo. Mapa fantasmático corporal*. Buenos Aires: Letra Viva; Instituto de la Máscara, 2011.

Debord, G. *La sociedad del espectáculo*. Buenos Aires: La Marca, 1995.

Heidegger, M. *Carta sobre el humanismo*. Buenos Aires: Sur, 1960.

Rancière, J. *El maestro ignorante: cinco lecciones sobre la emancipación intelectual*. Buenos Aires: Libros del Zorzal, 2007.

______. *El espectador emancipado*. Buenos Aires: Manantial, 2010.

6. A proposta do teatro-debate

Ângelo Borim
Moysés Aguiar

O TEATRO-DEBATE (T-D) É uma modalidade teatral que se insere no campo dos teatros de improviso. Trata-se de uma modalidade de "teatro espontâneo", desenhado para o trabalho com grandes grupos, especialmente quando existe um tema específico a ser abordado.

Baseia-se numa concepção abrangente do que seja teatro espontâneo, segundo a qual ele é uma espécie de amplo guarda-chuva sob o qual se abriga uma infinita variedade de formatos. Consideram-se características básicas do teatro espontâneo: a improvisação dramatúrgica, ou seja, a ausência de um texto (libreto, *script*) previamente definido e ensaiado; a construção coletiva do espetáculo, incluindo-se entre seus construtores a equipe técnica e o público participante; a não repetição em ocasião posterior do texto produzido.

O T-D opta por privilegiar a representação cênica concretizada, no palco, pelo público, cabendo à equipe de coordenação[1] apenas a função de estimular e apoiar a participação de atores oriundos da plateia. Nesse aspecto, diferencia-se de modelos nos quais atores treinados se encarregam de criar e representar, eles mesmos, cenas baseadas em elementos propiciados pelo público.

Por ser um teatro de participação, o espetáculo implica uma estética muito particular, diferente da convencional. Quem o

1. A coordenação da sessão está a cargo de uma equipe (trupe) composta de um diretor e pelo menos três atores, podendo opcionalmente incluir um ou mais músicos, além de eventuais apoiadores.

produz é um público não treinado para atuar no palco, muito menos para improvisar. Esse é o grande desafio.

A encenação improvisada é uma ferramenta a serviço do debate e, por isso mesmo, seu objetivo é enriquecer o grupo como um todo, fazê-lo avançar, aprofundar, ampliar, desvelar a consciência.

Na qualidade de modelo de produção cênica, inspira-se em Jerzy Grotowski (1987), que propõe um "teatro pobre", que conta exclusivamente com o potencial expressivo dos atores, sem recorrer a outras linguagens comunicacionais, o que de alguma forma contribui para equalizar as condições para todos os presentes de adentrarem o espaço cênico.

CARACTERÍSTICAS BÁSICAS

O modelo nasceu de longa experimentação de um grupo brasileiro[2] que, nas últimas décadas, vem-se firmando como proposta artística, que se aproveita de sua herança histórica do campo do psicodrama, em busca de um novo padrão estético (definido como o impacto capaz de produzir), que valoriza a inovação e a capacidade de transformação.

No T-D, os atores da trupe direcionam seu potencial criativo para ilustrar, de maneira aprofundada, os argumentos e conflitos vividos pela plateia enquanto esta troca ideias verbalmente. Exibe, ao mesmo tempo, um modelo de atuação que logo poderá ser experimentado pelos participantes que se aventurarem no palco. A essas cenas ilustrativas convencionou-se denominar "cenas espelho", pois buscam refletir o que ocorre na discussão, transformando as palavras em cenas, mutação metafórica que alavanca o debate, lançando-o a direções muitas vezes inusitadas, mas intimamente referidas à verdade grupal.

2. Trata-se da Companhia do Teatro Espontâneo, trupe fundada nos anos 1980.

O padrão estético do T-D depende muito da entrega do ator ao momento e aos sentimentos e sensações produzidos em seu próprio corpo – o que, na prática, implica entrar no palco sem planejar o que vai fazer. Configura o que chamamos de **espontaneidade radical**.

Assim, o que se espera do ator espontâneo é que traduza cenicamente o que seu corpo experimenta. Entregando-se ele próprio ao analógico, supera uma racionalidade que pode ser dissimuladora ou reducionista, encobrindo a realidade grupal.

Aqui deparamos com o âmago da beleza almejada, da qualidade estética do espetáculo: quanto mais abertos os atores para sentir o grupo, e quanto maior seu grau de espontaneidade radical, mais significativas e, portanto, mais belas as histórias que criam e encenam.

A beleza das cenas não se limita à plasticidade harmoniosa ou a quanto elas agradam aos sentidos. Ela reside na fidelidade com que as cenas transmutadas imageticamente ressaltam a verdade implícita no subtexto do discurso proferido verbalmente e na forma como ocorrem os debates.

A participação do público depende da atuação tanto do diretor quanto dos atores da trupe. Trata-se de uma relação triangular: diretor, atores, plateia – se os três polos não estiverem em sintonia, a qualidade do trabalho fica comprometida. Daí o investimento que se faz na preparação do grupo como um todo, horizontalizando as relações, estimulando essa sintonia desde o início do trabalho.

A partir das cenas espelho, o espetáculo passa a viver um aprofundamento crescente do nível da discussão, com claras repercussões em sua qualidade estética. A beleza reside na trajetória em busca da verdade. No processo e não no resultado.

Em certo sentido, esse tipo de produção artística remete à tradição do psicodrama, principalmente em sua versão grandes grupos. É como se tivesse ocorrido uma fecundação com dois gametas, um psicodramático e outro artístico, gerando um rebento que não se enquadra nem em uma família nem em outra. O novo ser é uma nova linguagem, na qual a "catarse curativa" deixa de ser um objetivo, e na qual a produção coletiva da obra teatral estabelece um novo padrão estético, cujo caráter transformador faz parte do seu DNA.

Pode parecer redundante afirmar que o T-D é um "teatro de transformação", uma vez que todo teatro se propõe transformador, em sua essência. Aqui, porém, a transformação ganha outros sentidos: transforma-se o discurso verbal em cênico, fazendo-o migrar da mente para o corpo em ação; transforma-se a compreensão do tema, trazendo à tona a relatividade de cada posição e ampliando a compreensão por meio do enfrentamento com a diversidade; transformação social, por meio de uma reflexão que se faz multiplicadora dessa nova compreensão; transformação política, ao considerar os participantes sujeitos emancipados, estimulando o reconhecimento de sua autonomia e de sua capacidade de protagonização; transformação artística, ao democratizar o palco, mostrando que a arte do improviso, construída coletivamente, é expressão da verdade humana tão bela quanto qualquer outra obra; transformação artística, na medida em que busca construir uma ponte entre o conhecido e o desconhecido, entre o sofisticado e o grotesco, o profissional e o popular, o acessível e o inacessível, entre o consciente e o inconsciente, o real e o imaginário, o pensar e o agir, num diálogo incessante.

É importante assinalar o caráter sociopolítico do T-D. Entendido como **arte aplicada**, aproxima-se de propostas educativas e sociodramáticas, tais como os "círculos de cultura", de Paulo Freire; o "teatro do oprimido", de Augusto Boal; o "teatro da espontaneidade", de J. Moreno; a "peça didática", de Bertold Brecht. Na qualidade de **arte pura**, abre um canal de diálogo com as artes em geral. Nessa linha, encontra diversos pontos de convergência com outras vertentes teatrais: além de Grotowski, a improvisação de Viola Spolin, Keith Johnstone, Jacques Lecoq, entre outros.

Combinando-se essas duas formas de arte, obtém-se uma ferramenta dinâmica, que ora pode caracterizar-se como um projeto político específico, ora como um evento puramente artístico. A rigor, uma coisa não exclui a outra, dado que, pelo contrário, esses dois extremos sempre estão presentes, em maior ou menor medida, em qualquer apresentação de T-D.

O caráter dinâmico do T-D fica evidente no fato de que, apesar de ter uma estrutura básica bem definida, sua aplicação permite uma autonomia de forma de acordo com o momento. Ou seja, adapta-se a apresentação de acordo com vários fatores: a configuração da trupe, o diretor, a plateia presente, o grau de tensão que se estabelece, o aquecimento dos envolvidos, sendo o aqui e agora seu elemento fundamental.

Pode-se dizer que o principal objetivo do T-D é permitir que os espectadores vivam o palco como lugar de atuação, de manifestação de suas opiniões por meio da linguagem cênica, de reconhecimento e descoberta, contribuindo para a revelação e o aprofundamento da compreensão grupal a respeito do tema debatido. Em outras palavras, democratizar o palco, libertando a plateia de sua passividade e ao mesmo tempo exigindo dos atores que apurem sua escuta.

Outra característica marcante do trabalho é a oportunidade de o grupo experimentar pacificamente a diversidade, o que facilita a ampliação da compreensão de problemas de interesse coletivo.

Tradicionalmente, a tarefa de se posicionar diante de determinado tema costuma ser delegada a intelectuais, como portadores do chamado "discurso competente". Ou, na melhor das hipóteses, a pessoas que, em pequenos grupos informais, defendem posições apaixonadas, definitivas ou inquestionáveis, que evidenciam uma disputa de poder e um excesso de vaidade, muito mais do que uma busca sincera de diálogo.

São escassos os espaços que estimulam o convívio com a diversidade, o aprofundamento de questões relevantes e a apropriação da capacidade de adotar posicionamentos críticos.

Quando existem, estão na maioria das vezes limitados aos âmbitos escolar ou virtual, enjaulados em modelos moralistas. Abrindo um novo espaço, o T-D busca, por meio de um evento artístico, intervir na formação de um homem atuante em sua realidade, disposto a resgatar sua capacidade de se posicionar e de agir criativamente.

Como reflexo da própria vida, o T-D é um espetáculo de pura improvisação. Não se chega a uma apresentação desejando do público determinada reação, ou certo desfecho, ou mesmo um rumo específico para a discussão. A rigor, tentar encaminhar o debate para um resultado previamente estabelecido seria uma traiçoeira manipulação, uma perversa negação dos princípios fundamentais do T-D, de soberania grupal e de submissão ao aqui e agora.

É curioso constatar a dificuldade de compreender racionalmente, durante a própria apresentação, o que está se passando. A total imersão coletiva no processo criativo não contempla a possibilidade de se contar, ao mesmo tempo, com um sujeito criador e um sujeito observador.

Quando se avalia, no âmbito da equipe, um evento já ocorrido, o foco prioritário costuma ser o refinamento técnico das atuações e intervenções, mais do que a busca por interpretações dos fatos, que visem identificar "o" sentido destes. Tenta-se evitar uma eventual cisão entre arte e ciência, na qual a hegemonia desta pudesse afastar a equipe, diretor e atores, de uma atuação disparada a partir de seu próprio corpo. Do contrário, seria presa de uma compreensão intelectual, cerceada sua criatividade.

É pressuposto fundamental que o grupo é um organismo vivo, definido, pulsante, real, presente e autônomo. O corolário dessa tese é que o grupo é soberano. Ao diretor, considerado parte do grupo, cabe a função específica de facilitador, que orienta o fluxo vital, cuidando para que ao final prevaleça o sentimento de contribuição ativa e de pertencimento a algo maior. Não lhe cabe, nessa perspectiva, impor rumos a seu bel-prazer.

De novo, o caráter participativo do T-D se faz um dos elementos que contribuem para esse objetivo. O público é ativamente envolvido na construção de uma história nova, concebida e atuada coletivamente e de forma improvisada.

Todas as cenas têm o grupo como fonte de material. Nenhuma delas nasce da vontade unilateral dos atores ou do diretor, senão na qualidade de membros e intérpretes do próprio grupo.

Ao fim e ao cabo, o que se deseja é que as pessoas consigam chegar ao mais fundo de seus sentimentos e convicções e estabeleçam com seus parceiros uma verdadeira troca, capaz de fertilizar esses mesmos sentimentos e convicções, ampliando-os e criando um amálgama coletivo.

Não há necessidade de chegar a conclusões concretas e objetivas, tampouco de transformar o encontro num lugar de decisões a respeito do fazer coletivo. O que importa é que as pessoas se sintam comprometidas umas com as outras, abertas ao companheirismo, e se apropriem da potência do coletivo como forma de conhecimento, de criação e de autorrealização.

ESTRUTURA TÉCNICA

EM LINHAS GERAIS o dispositivo pode ser descrito da seguinte maneira:

- propõe-se ao grupo (que inclui público, atores, diretor etc.) a discussão de um tema;
- após uma etapa de aquecimento, inicia-se o debate verbal, nos moldes tradicionais;
- esse debate verbal é interrompido, a intervalos, por atores especialmente treinados que encenam esquetes improvisados denominados "cenas espelho";
- decorrido algum tempo, o diretor convida membros da plateia a contracenar com os atores nessas "cenas espelho";

- um tempo mais e o diretor propõe à plateia a criação/dramatização de uma história improvisada, longa, executada exclusivamente pelo público.

São quatro etapas:

A. AQUECIMENTO

Tem como finalidade principal promover a construção do sentido de grupalidade, envolvendo todos os participantes. São propostas atividades que lhes facilitem desligar-se do contexto social ao qual estavam conectados até então, passando a focalizar a nova tarefa, familiarizando-se com os novos parceiros, com o espaço, com os desafios específicos da situação. Assim se estabelece um ambiente de compromisso, igualdade e respeito para com o trabalho que se inicia.

É também quando se apresenta o tema a ser debatido e se esclarecem as principais regras do jogo, inclusive os papéis a ser desempenhados respectivamente pelo público e pela trupe.

B. CENAS ESPELHO

O debate inicial segue o modelo verbal tradicional, com o qual se supõe que os participantes estejam familiarizados.

Num primeiro momento, procura-se estabelecer a "linha de base", ou seja, identificar o que as pessoas pensam individualmente a respeito do tema, antes que se iniciem a troca de opiniões e o processo de construção coletiva.

Após esse levantamento, iniciam-se os diálogos, com a recomendação de que, ao fazer sua intervenção, o membro do grupo veicule apenas uma ideia de cada vez e leve sempre em conta o que foi dito pelo companheiro que o antecedeu.

O debate é interrompido, de tempos em tempos, pelos atores da trupe, que, tendo permanecido em atitude de pura escuta, sem participar da discussão, criam uma história bastante curta (máximo um minuto de duração). Por meio dela, expressam seu sentimento (ressonância) a respeito do "estado da arte" do debate, seja no que diz respeito ao conteúdo, seja com relação à dinâmica do processo (sociodinâmica).

Espera-se que o impacto dessa cena provoque um redirecionamento dos diálogos, no sentido de maior profundidade.

C. CENAS MISTAS

Nessa etapa, os membros do público passam a participar das cenas espelho, contracenando com os atores da trupe.

Essa participação costuma acontecer voluntariamente, quando pessoas se sentem motivadas e adentram o espaço cênico, sem ser para tanto diretamente estimuladas ou autorizadas. Esse tipo de intervenção sinaliza, para o diretor, que chegou o momento de começar a levar o público ao palco.

Quando não acontece voluntariamente, a participação é estimulada pelo diretor, que solicita a um membro do grupo que substitua um dos atores da trupe, assumindo o respectivo personagem. Essa atuação traz mudanças – bem-vindas – ao rumo da cena, criando praticamente uma nova história. Representa um novo olhar que constitui, mesmo, o próprio objetivo do trabalho.

Aqui, aos atores da trupe cabe uma tarefa pedagógica bastante importante. É possível que a atuação dos atores oriundos da plateia apresente algumas dificuldades e necessite de alguma ajuda, principalmente na hora de assumir os diferentes personagens. Também podem ocorrer atuações com base em clichês, em que se verbaliza "aquilo que se quer ouvir". Cabe aos atores da trupe, nesse caso, promover a necessária ruptura, abrindo a possibilidade de criação e de expressão de sentimentos e fantasias mais verdadeiros.

D. CENA FINAL

As cenas da etapa anterior, chamadas de cenas mistas porque integradas por atores da trupe e da plateia, dão lugar naturalmente à fase final do evento, que é uma encenação da qual participam exclusivamente atores oriundos do público.

Estimula-se, agora, a criação de um enredo mais longo – em contraste com as histórias curtas das fases anteriores –, em que cada cena se desdobra em uma nova, que dá continuidade à narrativa. Esta configura um debate cênico em que as opiniões são expressas não de forma verbal, direta, mas de forma indireta, analógica. Isso se dá tanto por intermédio dos diferentes personagens que vão sendo criados, mantidos ou transformados pelo grupo, interagindo entre si, como também por meio do enredo, que vai sendo pouco a pouco modificado.

Em tese, essa trama não teria fim, nunca, pois pode ser sempre ampliada rizomaticamente, trazendo cada vez um aspecto novo e inusitado que expressa opiniões, sentimentos e reflexões do público participante. No entanto, há de se interromper a produção, em algum momento, e dar-lhe uma finalização.

Uma estratégia usual, para isso, é pedir ao público que sugira finais apoteóticos possíveis. Insiste-se que não se trata de uma solução para o problema, a ser adotada na vida real, mas apenas um recurso dramatúrgico para terminar o relato. Esse recurso enseja a expressão da multiplicidade de sentidos, evitando-se assim que, com um final único, a encenação adquira caráter moralista (definir a coisa certa a ser feita para que tudo dê certo).

Algumas vezes, faz-se necessário um compartilhamento da experiência, antes de dar por terminado o trabalho, mas esse procedimento não deve ser utilizado senão quando se identifica alguma emoção latente importante, que não teve espaço para se manifestar.

Como o T-D é uma "obra aberta", a experiência deve ser, como regra, "digerida" posteriormente, impactando cada participante de forma e intensidade diferenciadas.

O TEMA

A convocatória para o evento deve acontecer por meio da enunciação de um assunto específico a ser colocado em pauta, escolhido por quem patrocina o encontro.

Em contextos institucionais, os dirigentes é que resolvem convocar os participantes, propondo-lhes a abordagem de um problema considerado de interesse da instituição. Em contextos comunitários, a liderança é que identifica a necessidade de reunir pessoas em torno de alguma matéria que diga respeito à coletividade. Anuncia-se, assim, previamente, em ambos os casos, o que vai ser discutido.

Outra possibilidade é definir com o próprio grupo, como parte do aquecimento, qual o tema de seu interesse. Em tese, esse recurso daria maior legitimidade à discussão, na medida em que resultaria de um acordo coletivo, aqui e agora.

No entanto, mesmo quando é definido previamente, se a coordenação respeita o grupo, este acaba imprimindo sua marca, dando ao tema um enfoque próprio, nem sempre aquele imaginado por quem fez a convocação.

A EQUIPE DE FACILITAÇÃO

É de fundamental importância que a equipe facilitadora atue de forma integrada e sensível. Para que isso aconteça, a trupe deve manter-se em estado de permanente preparação, reunindo-se com regularidade e dedicando tempo suficiente para alcançar esse objetivo. A competência que se busca pode ser delineada por meio da clássica abordagem que define três aspectos principais: conhecimentos, habilidades e atitudes.

No caso do T-D, os conhecimentos incluem, entre outros conteúdos: natureza e funcionamento dos grupos; modalidades teatrais, tanto do teatro convencional quanto do teatro espontâneo;

propostas estéticas dentro das artes cênicas; perspectivas econômicas, políticas e ideológicas; políticas culturais; realidade socioeconômica e política local, regional, nacional e internacional.

No que diz respeito a habilidades, devem dominar técnicas de coordenação de reuniões; técnicas de produção cênica improvisada; leitura da dinâmica grupal e atenção aos sinalizadores; repertório de recursos de intervenção; criatividade para propor procedimentos específicos para cada situação; técnicas de atuação no palco; recursos estéticos que potencializem a comunicação; técnicas específicas do T-D; capacidade de escuta e sensibilidade para os movimentos grupais; aproveitamento de figuras de linguagem para a construção de cenas improvisadas; utilização das próprias sensações para a produção cênica; desenvolvimento da espontaneidade radical; atuação harmoniosa em conjunto; comunicação discreta entre os membros da equipe, quando necessário; atuação complementar e entrosada.

No que se refere a atitudes, pode-se listar: postura de escuta respeitosa, valorizando verdadeiramente as posições manifestadas pelos demais participantes; abertura para a diversidade; consciência de pertencer ao grupo; estado de criatividade, podendo lançar mão do repertório de técnicas e conhecimentos, sem, porém, escravizar-se a roteiros e procedimentos; estabelecer e reconhecer os próprios limites, não os ultrapassando nem permitindo que sejam violados; adesão radical aos direitos humanos e à responsabilidade de promovê-los; consciência ecológica; responsabilidade sociopolítica, entendendo o papel da arte como intervenção, sem pregar ideologias e caminhos específicos para a solução dos problemas; compromisso com a humanidade e com a transformação das relações; coragem para enfrentar a realidade, as divergências de opiniões e os conflitos delas decorrentes, acreditando que a explicitação é sempre a estratégia mais potente que a dissimulação.

Essa listagem é, por suposição, incompleta, pretendendo apenas apontar a direção. A imersão no processo de crescimento da equipe sempre acrescenta novos aspectos e suscita novas demandas. Essa é a grande riqueza e é nela que reside a possibilidade de concretizar a proposta do T-D.

CONSIDERAÇÕES FINAIS

De certa forma, podemos dizer que o T-D pode ser utilizado em quaisquer situações de grupo em que se pretendam transformações por meio do desenvolvimento da capacidade de ação coletiva e de uma compreensão aprofundada da realidade.

Mas, além de tudo isso, tem um importante potencial psicoterápico. É impossível participar de uma sessão de T-D sem que se mobilizem emoções e sem que elas sejam, de alguma forma, trabalhadas. Não como investigação focalizada na história pessoal de determinado indivíduo, mas como busca de contextualização dos sentimentos e de ampliação do leque de sentidos. O T-D busca, como propõe o psicodrama, a liberação da espontaneidade, objetivo maior da terapia.

REFERÊNCIAS BIBLIOGRÁFICAS

Aguiar, M. *Teatro da anarquia.* Campinas: Papirus, 1988.

______. *Teatro espontâneo e psicodrama.* São Paulo: Ágora, 1998.

______. *Teatro de la anarquía.* Santiago: Quimantú, 2009.

Aguiar, M. *et al. O teatro terapêutico.* São Paulo: Papirus, 1990.

Bally, G. *El juego como expresión de libertad.* México: Fondo de Cultura Económica, 1958.

Boal, A. *Técnicas latino-americanas de teatro popular.* 3. ed. São Paulo: Hucitec, 1988.

______. *A estética do oprimido.* Rio de Janeiro: Garamond, 2009.

Chacra, S. *Natureza e sentido da improvisação teatral.* São Paulo: Perspectiva, 1983.

Dotta, F.; Sintes, R. *Psicodrama: la terapia de los dioses caídos.* Montevidéo: Psicolibros, 2008.

Eco, H. *Obra aberta*. São Paulo: Perspectiva, 1991.

Freire, P. *Pedagogia da autonomia*. São Paulo: Paz e Terra, 1996.

Garavelli. M. E. *Odisea en la escena: teatro espontáneo*. Córdoba: Brujas, 2003.

Grotowski, J. *Em busca de um teatro pobre*. 3. ed. Rio de Janeiro: Civilização Brasileira, 1987.

Kesselman, H.; Pavlovsky, E. *La multiplicación dramática*. Buenos Aires: Galerna; Búsqueda de Ayllu, 2000.

Koudela, I. D. *Brecht: um jogo de aprendizagem*. São Paulo: Edusp; Perspectiva, 1991.

Lecoq, J. *O corpo poético*. São Paulo: Senac, 2010.

Moreno, J. L. *O teatro da espontaneidade*. São Paulo: Ágora, 2012.

Oberlé, D. *Créativité et jeu dramatique*. Paris: Meridiens Klincksieck, 1989.

Spolin, V. *Improvisação para o teatro*. 5. ed. São Paulo: Perspectiva, 2012.

7. Gotinhas de participação*

María Camen Bello (Yuyo)

A PERGUNTA

Em 2004, em um livro que recopilou as crônicas dos sociodramas públicos realizados simultaneamente, em 2002, em dez países da América Latina, em 66 lugares diferentes, eu me perguntava se os trabalhadores da saúde mental, os sociólogos, pedagogos e pesquisadores podem promover uma mudança na comunidade. O livro termina dizendo:

> Criamos um espaço, demos a palavra às pessoas e também a nós cidadãos psicodramatistas, em praças, na rede, aqui. Isto significa uma mudança? Talvez tenhamos com nossa presença nos incluído, nos parques e praças, a esta estrutura secreta e subterrânea (que descreve Moreno) dando voz, forma e cenário à mesma, por um momento. Aqui estão nossas reflexões, nossas dúvidas, nossos propósitos e esperanças de que isto seja certo, de que todos podem mudar, pensando coletivamente e em ação. (Bello, 2004b, p. 277)

Hoje, dez anos depois, encontro-me com a mesma pergunta, com a mesma esperança, mas também com muito mais dor. Percorremos um caminho sobre o qual vale a pena refletir.

Uma das coisas que mais me chamaram a atenção ao recopilar as crônicas foi que a instrução inicial criada pelos psicodramatistas argentinos, em meio ao "*corralito*" (confisco dos depósitos

* Tradução ao português de Cintia Bortolotto Almeida.

bancários) e aos "*cacerolazos*" (panelaços), "do protesto à proposta", havia adquirido um matiz diferente em cada país. No Uruguai, meu país de origem, mais triste e nostálgico, a instrução mudou para "do pessimismo à esperança". No México, ao trazer o tema a uma conferência, surgiu do público a ideia da frase que utilizamos nos cartazes: "Da indiferença ao compromisso ou da apatia à participação".

Assim se autodescreveram os mexicanos nos sociodramas de 2002, como um povo que se sentia só e perdido, apático, apolítico, pouco consciente da realidade social, desinformado do que se passava em outras partes do mundo. Duas imagens se sobrepuseram sem poder se integrar: um país idealizado, o mais belo do mundo, habitado por gente maravilhosa, "México lindo y querido"[1], e outro impregnado de injustiças, com governos corruptos e uma Constituição prostituída, pelo qual os cidadãos não eram responsáveis.

Estamos em 2014 e agora as pessoas estão nas ruas. Existiram momentos em que o país se dividiu em dois grupos contrários, momentos de esperança de mudanças e outros de desânimo porque tudo segue igual ou pior. Mas agora as pessoas estão nas ruas. O narcotráfico é um fantasma sempre presente que não é possível evitar. Houve mortes, desaparições, prisões injustas, impunidade. Mas agora as pessoas estão nas ruas, com faixas e cartazes, exigindo, protestando, manifestando-se em todos os sentidos. Ocorreu o desaparecimento de 43 estudantes de Ayotzinapa, mas as pessoas estão nas ruas.

O CAMINHO

Depois de 2002 fizemos vários outros sociodramas públicos, em 2003, 2004, 2005 e 2006, sempre no dia 12 de outubro, dia que

1. Nome da canção de Chucho Monge que representa o México internacionalmente com "Cielito lindo".

marca uma grande controvérsia: dia do descobrimento da América, dia da raça representando a miscigenação, dia da hispanidade, começo da ocupação, quando em 1980 o México sofre uma ocupação militar da França, mais de 500 anos de resistência da população indígena e negra reivindicando seus direitos. Dia mesmo do quê? As pessoas começavam a questionar a data. Hoje já não é um feriado no México. Minha proposta seguia a mesma de 2002: que posso fazer por mim, por minha família, por minha comunidade, minha cidade, meu país, pelo mundo?

A participação nos espaços públicos não se limitou aos 12 de outubro. Trabalhamos com sociodrama pró-prevenção da violência em Tijuana, cidade fronteiriça com os Estados Unidos, quando utilizamos o cinedrama, uma variante do sociodrama que inicia o trabalho com um filme como estímulo disparador, na prevenção da violência intrafamiliar. Fizemos um projeto de grande alcance com cinedrama para a prevenção do uso de drogas e escrevemos um manual de cinedrama (Bello, 2014), com a ideia de ser uma ferramenta atrativa, acessível para uma população maior e fácil de ser aplicada em um contexto delimitado.

Em 2007 fomos como brigadistas para Villahermosa, Tabasco, onde a cada ano ocorrem inundações – e que, nesse ano, foram especialmente destrutivas. Praticamente já não é possível falar de desastres naturais, sempre está presente a mão do homem nos âmbitos ecológico ou social, convertendo o fenômeno natural em catástrofe.

Grande parte da população da cidade teve de ser desalojada e estava vivendo em albergues em condições bem precárias. Nesse lugar, demos apoio aos psicólogos locais que estavam em *burnout*, em desgaste emocional total, e às brigadistas anteriores que acabavam de passar pelo impacto. Trabalhamos com sociodrama e teatro espontâneo com as famílias que estavam nos albergues e com os militares responsáveis pela organização destes.

Vimos como o governo havia decidido que os militares se ocupariam de tudo nos albergues: limpeza, comida, ordem. Não sobrou lugar para que as pessoas se organizassem por elas mesmas e exercitassem solidariedade, como ocorreu durante o terremoto de 1985. Encontramos crianças indisciplinadas, sujas, descalças, mas colocando em palavras o que os adultos não podiam dizer. Fizemos um sociodrama público na esplanada da Catedral de Villahermosa, em que participaram as pessoas que não tiveram suas casas inundadas, mas igualmente haviam sido afetadas pela situação e necessitavam expressar suas emoções e sentir que podiam ajudar em algo.

Em 2010, o Sociodrama da América Latina se fez mundial e mudou de nome. No lindo cenário do Parque Chapultepec, fizemos a pergunta: é possível mudar o futuro? E logo: o que queremos mudar? As preocupações mais importantes foram referentes à educação, à pobreza, ao alcoolismo e às drogas, e aos problemas da cidade: o tráfego urbano e o narcotráfico, a violência na cidade e nas famílias. Nossa equipe, rapidamente, foi representando todos esses cenários. Quando pedimos propostas de mudanças, algumas pessoas se aproximaram dos autores e o teatro espontâneo se converteu em sociodrama.

As propostas foram simples, mas importantes: o tráfego urbano pôde ser organizado sem grande esforço. Os pais puderam se aproximar para estabelecer mais comunicação com os professores, as famílias puderam pedir ajuda para os problemas do consumo de drogas e da violência, em vez de ocultá-los com vergonha. A pobreza é o problema de fundo e todos devem participar, em todos os níveis.

No encerramento, as crianças participaram, com a ajuda de seus pais, respondendo a uma pergunta que pensei naquele momento: que coisas não devem mudar porque são boas? Um jovem disse que o amor não deve mudar. Um pai disse que a ciência pode ajudar, e que seguramente o seu filho (que estava muito ocupado juntando insetos e folhinhas) seria um bom cientista no futuro. Uma avó disse que os netos são o máximo, e que o seu, que estava se divertindo muito em meio aos nossos atores, seguramente contribuiria para que o mundo mudasse no futuro.

Finalmente, um menino que estava com sua bicicleta disse que não se deveriam mudar as datas dos aniversários, ele fazia aniversário justo naquele dia. Em continuação, uma companheira tomou sua guitarra e cantou "Gracias a la vida". Nós e o público acompanhamos, tropeçando com a letra, errando e rindo muito.

Recordando agora com mais distanciamento, vejo que os temas narcotráfico e violência foram mencionados, mas não desenvolvidos. O governo havia encarado uma luta aberta contra os narcotraficantes, fato que somente desatou mais violência e mortes. De fato, a posse desse governo foi precedida por um grande conflito em que o país se dividiu em dois, uma direita e uma esquerda - isso simplificando demais, porque nada é simples em nível político no México –, e logo o resultado das eleições, a favor da direita, foi muito questionado. A participação das pessoas em Chapultepec, em contrapartida, faz pensar em um país relativamente tranquilo, com problemas pessoais e familiares, de educação, com crianças e jovens maravilhosos e muitos aniversários, onde todos damos "gracias a la vida", incluindo os coordenadores.

Em 2013, o Sociodrama Mundial já estava mais organizado e decidimos chamá-lo de Sociodrama Mundial Simultâneo (SMS). Uma rede internacional de psicodramatistas foi convocada, desde a China até a Austrália, da Patagônia ao Canadá, abarcando quase toda a Europa e também Gaza e Israel. Fizemos nosso sociodrama público na Praça das Três Culturas, enquanto outros companheiros realizaram sociodramas em Xalapa (Veracruz), San Cristóbal de las Casas (Chiapas) e León (Guanajuato). Duas psicodramatistas itinerantes convocaram as pessoas na estrada e em um barco.

O sociodrama na Praça das Três Culturas foi uma experiência muito diferente daquela vivida em Chapultepec. Essa praça está cheia de recordações e fantasmas que o grupo convocou desde o início: os ancestrais indígenas, os espanhóis e mestiços que deixaram ali suas marcas, os estudantes mortos em 1968 e as vítimas do terremoto de 1985. O grupo não era muito grande, mas bem maior do que parecia.

Jovens que jogavam futebol nos olhavam de canto de olho, e alguns se uniram a nós. Nos edifícios, algumas janelas foram abertas para olhar. Um psicodramatista, que nasceu em Jerusalém e vive em Nova York, veio com um amigo espanhol e outro peruano. Soube do evento pela rede e rebatizou a praça de "Praça das Três Cores". Também chegou um cubano, com uma pequena bandeira de Cuba como pingente no pescoço. Havia pessoas da América Latina, incluindo a mim como "urumex" (uruguaia/mexicana) e outras de várias regiões do México.

Também participaram crianças. "Que não tenham mais guerras", disse um menino. "Que acabe a poluição", disse outro. Os adultos trouxeram outros temas: corrupção ("Vende-se um país"), violência nas cidades, violência de gênero, feminicídios e um grande mal com nome inofensivo: a indiferença. Surgem cenas, esculturas, frases e canções; a necessidade de mudar, de não ser indiferente, de fazer o suficiente. Falou-se de deixar os medos e pintar o rosto da cor da esperança[2], e de todas as cores da mudança, muito mais que três! Contamos com a participação de três músicos maravilhosos, um violonista, um saxofonista e um percussionista, que tocaram acompanhando nossos atores e egos-auxiliares, e finalmente todo o grupo, a pequena comunidade em seu processo de falar, de expressar seus sentimentos na intenção de sermos agentes de mudanças na comunidade maior com a qual compartilhamos: esta cidade, este país e este mundo.

HOJE NO MÉXICO E NO MUNDO

Ao nos prepararmos para um novo sociodrama mundial, outra vez no Parque Chapultepec, perguntamo-nos: os lugares nos quais

2. "Color esperanza", canção de Diego Torres que o grupo cantou ao final.

realizamos os sociodramas públicos foram determinantes? As populações dos diferentes lugares da cidade onde estivemos eram distintas entre si? O Metrô Copilco? O Parque Chapultepec? A Praça das Três Culturas? O Chapultepec de 2010 pode ser comparado com o de 2014?

Moreno (1965, p. 140-41) dizia que

> [...] o sociodrama se baseia num suposto tácito de que o grupo constituído pelo seu público tenha se organizado por papéis sociais e culturais que em certo grau compartem todos os portadores da cultura. Resulta, portanto, relativa à questão de quem são os indivíduos, de quem compõe o grupo ou de qual é o seu número. É o grupo como totalidade que deverá desenvolver seus problemas no cenário, porque o grupo no sociodrama corresponde ao indivíduo no psicodrama.

Talvez a cultura não mude tanto de um lugar para outro dentro da cidade se o grupo for suficientemente heterogêneo, mas os problemas e as situações mudam.

A situação entre Palestina e Israel se torna insustentável. Os Estados Unidos tratam de reestabelecer relações com Cuba. Francisco, o primeiro papa latino-americano, ministra uma missa crioula. A Ucrânia está sacudida por uma crise devastadora. A desaparição dos 43 normalistas no México e a aparição de milhares de cadáveres não identificados comovem o mundo. As expressões nas ruas e por meio das redes não param, desde um candidato de internet vestido como Darth Vader, o mau da guerra das galáxias, nas eleições da Ucrânia, uma foto de Spencer Tunick, numa cidade mexicana, de pessoas desnudas tapadas somente com grinaldas de "cempasúchil", a flor do dia dos mortos, até as aulas abertas informativas nas ruas dadas por professores da universidade, os shows e performances.

A expressão e o silêncio se alternam. Existem aqueles que gritam, os que calam, aqueles que denunciam e aqueles que não querem ver. Compartilho, aqui, o depoimento de duas companheiras psicodramatistas.

O SILÊNCIO[3]

Quando comecei a escutar sobre o desaparecimento dos normalistas, não compreendia toda a situação. Como estrangeira no México, ainda me custa entender o peso do narcotráfico no país. Os jovens foram detidos por policiais? Foram levados pelos narcotraficantes? Eram policiais que seguiam ordens de narcotraficantes? Foi uma ordem do prefeito? O narcotráfico trabalha para o Estado? Tudo gerava, para mim, muita confusão. Escutava essas coisas no rádio, mas nas ruas, nos espaços sociais e laborais que habito ninguém falava sobre o tema. Eu estava horrorizada: 43 jovens desaparecidos, supostamente pela polícia! Mas somente escutava silêncio... Como se ninguém estivesse enterrado, como se fosse algo natural, habitual.

Nessa semana tínhamos grupo de formação de psicodrama, e então surgiu em mim a necessidade de compartilhar com meus companheiros a inquietude e a angústia que a temática gerava em mim. Yuyo, focalizando minhas emoções, pôde me fazer perceber que o que gerava em mim tanto horror era o silêncio que via na sociedade, a indiferença, a naturalização de tremenda violência. Todos aceitaram a proposta de trabalhar o tema sociodramaticamente.

Yuyo propôs, enquanto caminhávamos pelo salão, registrar as emoções que o fato produzia em nós, como elas ressoavam, e compartilhá-las com os companheiros. Assim, formamos grupos por semelhança dessas emoções. Nesses grupos, fizemos esculturas ou cenas. Recordo que, no grupo do qual participei, fizemos uma cena na qual cada pessoa estava com os olhos, os ouvidos ou a boca tapados (representando aquele que não quer ver, escutar nem falar), e ao tratar de modificar a situação havia diferentes reações; alguns se atreviam a mudar e outros seguiam com a mesma atitude. Outros grupos representaram o abuso de poder, o desespero dos familiares, a violência e tantas coisas mais.

3. Escrito por Jessica Borensztein.

No compartilhar, alguns disseram que se sentiram envergonhados de não estar inteirados do sucedido, outros que estavam esperançosos de que se possa gerar alguma mudança, e outros que estavam entristecidos pela situação atual do país. Pessoalmente, senti-me muito agradecida aos coordenadores e ao grupo por possibilitarem um espaço em que o tema fosse abordado de forma diferente. Todos ficaram com vontade de fazer um sociodrama público, o qual já está sendo planejado.

Sinto que nas semanas subsequentes o México começou a despertar. Para além das respostas das autoridades, fico alegre que o povo se manifeste, expresse seu mal-estar, aproprie-se dos seus direitos.

¡AYOTZINAPA VIVE![4]

Essas palavras de ordem, nas marchas, nas redes sociais, nas vozes do mundo, permitem que nos perguntemos se o México está vivo ou se ao menos está despertando. A desaparição de 43 estudantes normalistas do estado de Guerrero, no dia 26 de setembro, mobilizou em todos nós a sensibilidade, a memória, a pergunta do porquê da morte e da vida.

No dia 20 de novembro, eu me uni à manifestação que protestava e exigia simplesmente seus direitos de viver em paz e tranquilidade, que desejava simplesmente acompanhar os pais dos jovens desaparecidos e saber que pelo menos nossa própria vida seria resguardada. Mas, no geral, a luta era por tudo: por aquele que ficou em silêncio depois do crime de Estado de 1968 – sim, e, para variar, de estudantes –, pela violência tratada com impunidade relativa aos massacres de campesinos e indígenas de Acteal; pela luta pelos meninos mortos na creche ABC em Hermosillo; pela luta pelos feminicídios em Juárez. Curiosamente, a palavra "feminicídio" teve sua origem no nosso México lindo e "ferido".

---

4. Escrito por Yazmín Torres Caballero.

Alguns dias antes do 20 de novembro, uma companheira argentina, Jessica, foi quem trouxe o tema à aula, surpreendida porque não se falava disso, porque parecia que nada havia acontecido. O medo faz pensar, duvidar e desconfiar, qualquer pessoa poderia ser um inimigo. Mas não em nossa escola, não ali, onde demos voz ao que ainda estava calado naqueles dias.

Trabalhamos em ação isso que nos fazia sentir ou nos preocupava com relação aos estudantes desaparecidos de Iguala. Foi curioso que surgisse o "Me preocupa que não me preocupe" como emergente do silêncio, do medo e da apatia.

Recordo que dias antes escutei, no rádio, a notícia de que balearam um ônibus de adolescentes que pertenciam a uma seleção de basquete, jovens de 13 anos que foram assassinados, desaparecidos desta vida e chorados por seus pais desolados sem saber quem e por que o fizeram. E pensar que poderia ser um vizinho, um amigo, um familiar... Somente quando se passar comigo ou alguém próximo, então acreditarei e me doerá.

No dia 20 de setembro, pude ver um grupo de estudantes, atores muito jovens, que representaram na rotatória de Insurgentes uma performance de muito impacto. Uma senhora, que seguramente viveu em sua juventude o abalo de 1968, tinha lágrimas nos olhos. Os transeuntes pararam, outros faziam vídeos, fotografias nos celulares, e outros preparavam seus cartazes para a marcha. Eu fiquei escutando e vendo o que podia.

Todos estavam de preto, com pintura vermelha nas mãos e uma maquiagem de morte. Todos portavam rosas brancas e diziam: "Vivos os levaram, vivos os queremos!" Contavam de 1 a 43 e, ao chegar ao número 43, gritavam: "Justiça!" Tudo isso em meio a uma dança quase coreográfica. Pulavam quando chegavam ao 43, então paravam e, pouco a pouco, aumentavam a cifra até chegar aos 22 mil ou mais e diziam: "Esta noite não quero falar de morte, mas tenho de fazer". O mais surpreendente é que não usavam nem microfone nem autofalante, só a força da voz nos movia, nos sacudia e nos lembrava que temos voz para gritar, para pedir justiça, para recordar que estamos vivos e que, no decorrer do tempo, a impunidade e a corrupção nos vão matando.

Nós também despertamos e estamos buscando fazer algo como psicodramatistas.

HOJE, SOCIODRAMA MUNDIAL 2014

No dia 21 de dezembro, em Chapultepec, estiveram aproximadamente 40 pessoas interessadas, participativas, diferentes habitantes do parque: famílias, casais, amigas, ciclistas. O começo foi desconcertante. Neste momento em que o mundo está convulsionando e o país está nas ruas, a audiência dizia coisas mais gerais. Mencionavam que o mundo está em caos ou que o país está dolorido, mas de imediato acrescentavam que existem muitas oportunidades, ou que a realidade está se transformando positivamente.

Senti tristeza e desânimo. Meus fantasmas apareceram. Recordei as épocas em que no Uruguai não se podia falar e vivíamos num permanente medo. Pensei que o pesadelo recomeçava, muitos anos depois, muitos quilômetros mais ao norte. Mas começamos o sociodrama propriamente dito e o poder da ação não se fez esperar.

O grupo foi apresentando os temas com cenas e esculturas que diziam muito mais que as palavras anteriores. Desatou-se um mundo onde as guerras entre irmãos tinham a instrução de matar para alcançar a paz. Em meio à loucura, alguém gritava "BASTA!" e as mãos começavam a se unir e as vozes, acompanhadas pelos músicos, cantavam "Gracias a la vida". O grupo que representava o país era o menor, sem dúvida poucos queriam abordar esse tema. Porém, cinco integrantes organizaram uma marcha na qual gritavam: "Vivos os levaram, vivos os queremos, basta de feminicídios, não à corrupção!" No grupo da família, as crianças tiveram papel determinante, denunciando a violência familiar. "Isso não é um conto", disse uma menina, "é a realidade." Em todos os grupos e em todos os temas apareceram propostas e a aposta na esperança.

DE GOTINHAS

Sem dúvida, como diz o título deste livro, os espaços públicos são os cenários da contemporaneidade. As pessoas saem às ruas, os artistas usam a arte com a intenção de expressar e transformar, nós, psicodramatistas, abrimos outros espaços de participação com sociodrama, teatro espontâneo, com a nossa própria "arte".

Promovemos uma mudança? Sigo sem poder responder a essa pergunta. Temos feito muitas coisas com esta intenção: mudar, transformar, criar consciência, vencer o silêncio e a indiferença, fazer que nossa própria voz seja escutada com as demais.

Em um sociodrama público no Uruguai, foi dramatizada a imagem de um beija-flor que tratava de apagar um incêndio levando gotinhas de água no bico desde um tanque. Naquele momento, a imagem me pareceu triste e desoladora, apesar de ser bastante realista[5]. Quanto podemos fazer, de gotinha em gotinha, perante as forças econômicas e políticas, as forças repressivas e os meios de comunicação? Hoje, penso que agora somos muitos beija-flores e muitas são as gotinhas que trazemos de nossos tanques, e que isso faz diferença. Acredito que semeando esperança, mesmo que seja por gotinhas, poderemos um dia colher "um mundo onde caberão muitos mundos"[6].

---

5. Essa imagem de trabalhar por gotinhas tem muito que ver comigo. Tenho escrito uma série de pensamentos extraídos da filosofia, da teoria e técnica do psicodrama para compartilhar, e que se chamam "Gotitas de psicodrama", publicados agora como colaboração mensal na *Revista Campo Grupal*.

6. Frase de um poema de Isabel Martinez, escrita após o sociodrama de 2013.

REFERÊNCIAS BIBLIOGRÁFICAS

Bareicha, P. *Construção coletiva da consciência ecológica.* Trabalho apresentado na Universidad Nacional Autónoma del México, Cidade do México, 2007.

Bello, M. C. *Introducción al psicodrama: guía para leer a Moreno.* México: Colibrí, 2004a.

________. (org.). *Primer sociodrama público y simultáneo de América Latina: escenas de los pueblos.* México: Centro de Investigaciones Interdisciplinarias en Ciencias y Humanidades, Universidad Nacional Autónoma del México, 2004b.

______. *Jugando en serio: el psicodrama en la enseñanza, el trabajo y la comunidad.* México: Pax México, 2006.

______. *El cinedrama como herramienta para la prevención de adicciones.* México: Centro de Investigaciones Interdisciplinarias en Ciencias y Humanidades, Universidad Nacional Autónoma del México, 2014.

______. *Resurgiendo de la crisis: intervención con psicodrama y sociodrama en situaciones postraumáticas.* Material Didático da Escuela Mexicana de Psicodrama y Sociometría S. C. (EMPS), México, 2015.

Bustos, D. M.; Noseda, E. *Manual de psicodrama en la psicoterapia y la educación.* Argentina: RV Ediciones, 2007.

Fernández, A. M. *Las lógicas colectivas: imaginarios, cuerpos y multiplicidades.* Buenos Aires: Biblos, 2007.

Hauser, U. *Procesos sociales y la construcción de la subjetividad, una mirada desde el etnopsicoanálisis.* Conferência apresentada na III Semana de Ciencias Sociales, Universidad Nacional de Costa Rica (UNA), Costa Rica, 2007.

Moreno, J. L. *Fundamentos de la sociometría.* Argentina: Paidós, 1962.

______. *Psicomúsica y sociodrama.* Argentina: Hormé, 1965.

______. *Psicoterapia de grupo y psicodrama.* México: Fondo de Cultura Económica, 1983.

______. *Psicodrama.* Argentina: Hormé, 1987.

Reyes G. *La práctica del psicodrama.* Chile: RIL Editores, 2007.

Zampieri, A. M. F. *Sociodrama construtivista da aids.* São Paulo: Psy, 1996.

8. Psicodrama em espaços públicos – Cenas contemporâneas*

Ursula Hauser

Lugar: Gaza Community Mental Health Program (GCMHP)
Data: janeiro de 2012, das 10h às 14h
Diretores: "Gaza Psychodrama Group without Borders" com Ursula Hauser e Maja Hess

INTRODUÇÃO

Essa experiência desenvolveu-se em Gaza/Palestina, depois de graduar, em novembro de 2011, os nossos colegas como psicodramatistas, os quais têm feito o processo de dez anos de formação contínua comigo e com Maja Hess como coterapeuta. Esse projeto foi possível graças ao apoio financeiro da ONG "Médico Internacional Suíça".

Foram convidados psicólogas, trabalhadoras sociais, enfermeiras, médicos e psiquiatras que trabalham no campo da saúde mental em Gaza. A atividade foi realizada no centro de formação do GCMHP. Participaram cerca de 50 colegas de diferentes instituições, interessados no método psicodramático, especialmente depois da nova guerra contra Gaza em 2008, que deixou muita gente traumatizada. Maja e eu participávamos como codiretora e ego-auxiliar, alternadamente. Por diferentes razões, não é possível fazer psicodrama ou sociodrama público nas ruas em Gaza, principalmente porque a ocupação de Israel e o governo do Hamas não o permitem.

* Capítulo traduzido por Analia Grieco Lladó.

Abrimos o espaço trabalhando as relações sociométricas e reconhecemos as diferentes organizações e instituições de Gaza por intermédio do mapeamento sociométrico do grupo, assim como a grande necessidade por parte dos participantes de compartilhar, aprender, sair dos "muros" e das limitações externas e internas vividas naquele momento.

Nossas colegas Enas e Ensharah dirigiram o aquecimento: na cultura árabe, é tudo uma nova e grande experiência em um grupo misto: homens e mulheres que se olham nos olhos! Na cultura islâmica isso é proibido, e as pessoas de gêneros diferentes não podem se tocar. Foi interessante a criatividade com que o grupo resolveu esses "problemas" metodológicos: utilizaram um objeto para fazer a ponte entre homem e mulher, e agruparam-se "naturalmente" entre seu próprio gênero para alguns exercícios. Houve muitas risadas e alguma timidez, mas parecia que o prazer da nova experiência de mover-se livremente superou as resistências.

Outras de nossas colegas diplomadas (Ayat e Aída) fizeram uma breve introdução do psicodrama em árabe, e também explicaram o método do teatro espontâneo e suas diferenças com o método psicodramático. Eu perguntei, em inglês (Enas traduziu): "Quem quer ser protagonista?" Ahmed (nome fictício), um colega, se apresentou. Seu tema foi "Como superar meu sintoma de morder meus lábios até sangrarem e a incapacidade de ouvir meus pacientes". Escolheu trabalhar com teatro espontâneo, eu o acompanhei e Enas era a tradutora: "Desde quando você tem o sintoma?" Sua resposta foi: "Desde um ano...!"

CENAS

1ª CENA: O PONTO DE VERIFICAÇÃO (*CHECKPOINT*) RAFAH

O protagonista necessitava sair de Gaza para visitar sua avó doente em Jenin, no Norte da Palestina, e queria viajar da Jordânia para o Westbank porque o caminho direto por Israel não era possível. Ele queria ver a cena do ponto de verificação Rafah, onde um soldado israelense o insultou e o impediu de passar, falando somente em hebraico. Ele tentou lhe explicar sua situação em árabe. Não conseguiu passar...! Enquanto ele observava a cena, mordia permanentemente os lábios até que sangraram fortemente.

Perguntei-lhe se queria entrar na cena e buscar uma solução, pedindo ao ego-auxiliar, que já havia feito seu papel, que fosse agora seu duplo. Logo que o protagonista entrou na cena, pegou o cassetete e começou a gritar desesperadamente com o soldado enquanto golpeava a cadeira com muita força. Algumas vezes a cena se repetiu, e o ego-auxiliar fazia seu duplo também com desespero, gritando. Convidei a plateia a participar, de modo que a cena se tornou um sociodrama e muitos entraram em cena ao lado do soldado, como seu duplo espontâneo.

Não só o protagonista viveu sua catarse depois da raiva e de um forte pranto como também os egos-auxiliares e a plateia tiveram uma forte reação. Quase todos conhecem essa situação, a impotência, a raiva e a humilhação que significa ter de pedir a saída de Gaza, como se fosse uma prisão e eles os criminosos.

Quando o protagonista e o grupo se tranquilizaram, perguntei-lhe se queria "visitar sua avó" em uma segunda cena, a oportunidade no "como se..." do método psicodramático. Ele novamente rompeu em pranto e disse: "Minha avó já morreu, e não pude estar em seu enterro!"

Expliquei a ele e a todo o grupo que na cena é possível cumprir desejos e atuar de maneira surreal, fazer coisas que em nossa realidade vivida seriam impossíveis. Do mesmo modo como aconteceu na primeira cena, poder gritar com um soldado israelense sem matá-lo ou ser por ele assassinado, agora poder se encontrar com a avó falecida. Ele assentiu e procedemos à segunda cena.

2ª cena: assistir ao enterro da avó

Nosso protagonista pediu a uma colega que ela fizesse o papel de sua avó, e a outros que fossem membros de sua família em Jenin, vizinhos(as), amigos... e, finalmente, um grande grupo estava na cena dramatizando o que o protagonista queria ver. Desenvolveu-se um emocionante ritual ao redor da avó "falecida", com pranto, abraços, cantos e danças. Novamente, Ahmed quis entrar na cena e despediu-se de sua avó muito carinhosamente, chorando, abraçando-a, dizendo a ela o muito que a queria e que agora ela fazia muita falta.

Nesse momento, todos os participantes na sala quiseram entrar na cena e deu-se um processo de luto coletivo muito intenso, uma catarse integrativa durante a qual falaram todos aqueles que queriam dizer algo a um familiar falecido. Em Gaza, não existe nenhuma família que não tenha perdido alguém querido nos consecutivos ataques desde o ano de 2006, e poucas vezes é possível fazer um luto profundo.

Nosso protagonista começou a olhar para todo o grupo, contou a história da avó e a sua própria, e evidentemente o sofrimento pela divisão e separação da família desde que foram construídos os MUROS e estabeleceram-se os pontos de verificação.

COMPARTILHAR (*SHARING*)

Durante o compartilhar, observamos que os bloqueios e as resistências dos homens para chorar foram superados. Do mesmo modo, as mulheres puderam expressar sua raiva, pegando o cassetete e gritando com o soldado. A situação de viver em Gaza é terrível, pois existe o estigma de "terrorista" e o convívio com os muros de separação.

Ao mesmo tempo que se desenvolveu no grupo o processo de memória coletiva do povo palestino, realizou-se um trabalho cultural relacionado às mudanças necessárias de uma cultura muito rígida para ambos os gêneros, sobretudo para as mulheres. Todos elaboraram algo de sua história e da situação atual de viver em Gaza, e compreenderam que a repressão de suas emoções, seja raiva ou dor, causa diversos sintomas no corpo e na psique. Nós, mais uma vez, ficamos convencidas do poder que o psicodrama tem de oferecer um espaço de "liberdade de expressão" verdadeiro, utilizando, além das palavras, o corpo.

ANÁLISE DO PROCESSO

Para encerrar essa experiência muito intensa para todos os que nos acompanharam durante aquela manhã no psicodrama, desenvolvemos a análise do processo, que ajudou sobretudo no entendimento da *tele* e na ressignificação do papel. Ao mesmo tempo, o protagonista pôde integrar-se novamente ao grupo, agora com calma e falando sem morder os lábios.

Foi muito interessante escutar os *feedbacks* do papel de "soldado", o que é estar nesse papel de "inimigo". Quase todos, incluindo as mulheres, sentiram um forte alívio nesse papel de poder, desfrutaram da chance de experimentar essa perspectiva – os "sapados do outro", de quem pode humilhar impunemente e não estar no lugar da vítima. Discutiram com paixão o que sentiria o soldado, como é possível "torturar" uma pessoa com evidente prazer. Reconheceram sua própria vontade de "vingança", e discutimos a respeito do ciclo de violência e que em cada pessoa há impulsos agressivos. Alguém propôs: "Temos de aprender o hebraico, não é possível que não possamos falar com 'eles'!" Outros disseram: "Mas todos os soldados sabem árabe, é uma obrigação durante a sua formação! Simplesmente não querem falar nossa língua, são arrogantes e sádicos!"

Buscar a comunicação será um remédio ou uma possibilidade de diminuir a violência? Desde os acordos de Oslo, em 1993, ambas as partes falam inglês, hebraico e árabe, nada acontece e a situação política piora cada vez mais. Poderemos acreditar nas palavras? Será possível evitar os atos violentos na procura da justiça social?

A colega, após fazer o papel da avó, expressou que se sentiu feliz estando morta. Ela, ao escutar as palavras ditas e o pranto, que nunca tinha ouvido em sua vida, de todos da comunidade que estavam ao seu redor e de toda a família, sentiu o carinho e conseguiu achar um grande descanso. Ela mesma sofreu a morte de três membros da família no ataque de 2006 e expressou que agora compreendia seu desejo de morrer, porque pensou que não poderia superar a perda de seus parentes, incluindo uma filha. Ela teve outra catarse nesse momento, e nos impressionou como nosso protagonista assumiu o papel ativo de apoio, pôde ser companheiro e "ser psicólogo", ajudando-a se expressar.

Às vezes parece "mágico" o que se alcança em um psicodrama público com um grupo que não se conhecia e talvez nunca mais se encontre dessa maneira. O encontro durou somente quatro horas, mas o processo e os ganhos foram intensos.

Nossas perguntas foram: são mudanças de verdade? Será possível uma transformação no protagonista e nos outros participantes? Quanto lhes restou da experiência?

Felizmente, encontramos Ahmed e alguns dos outros participantes durante os anos posteriores. Não há dúvida de que foi, para todo o grupo, uma experiência sumamente importante que os conduziu a alguma mudança. Ahmed nos contou que, cada vez que sentia o impulso de morder os lábios, lembrava-se do psicodrama e procurava alguém com quem falar. Aprendeu a falar o hebraico, mas até agora não tentou novamente sair de Gaza. Contou-nos: "Agora que conheço a força da minha raiva, desconfio de mim mesmo!" Alguns dos que participaram são agora membros do novo grupo de formação, dirigido por nossas colegas Enas e Ensharah. Portanto, podemos concluir, com satisfação, que "algo se processou" na terrível e difícil situação de Gaza.

Em janeiro de 2015, voltamos para seguir com a supervisão que fazemos anualmente com nosso grupo chamado "Psychodrama Group of Gaza without Borders", após o mais violento ataque contra a população civil de Gaza em julho/agosto de 2014. De qualquer maneira, temos de conscientizar-nos de que, mais uma vez, vamos encontrar muitas pessoas retraumatizadas. Olhando, agora, de uma perspectiva posterior, acho que aquele psicodrama foi a representação do verdadeiro drama do povo de Gaza, com todas as consequências psicológicas, políticas e sociais.

Segue nossa interrogação: o que fazer?

... o caminho se faz ao caminhar!

Há esperanças atrás dos muros???

REFLEXÕES FINAIS, CRUZANDO AS FRONTEIRAS!

Em minha contratransferência como etnopsicanalista e como internacionalista, estou muito impactada pela situação em Gaza e entendo perfeitamente bem o desespero e a raiva do povo palestino. Assim como as colegas do grupo, senti às vezes o impulso de romper o muro, gritar com o soldado israelense e odiar os europeus (onde está a minha pátria?) que nada fazem, exceto negar a sua responsabilidade. É por isso que quero citar Jean Paul Sartre, que escreveu o prefácio para o manifesto de Frantz Fanon, *Os condenados da Terra* (1968, p. 16-17), o qual infelizmente até hoje em dia acho muito atual:

> Encaremos primeiramente este inesperado: o *strip-tease* do nosso humanismo. Ei-lo inteiramente nu e não é nada belo: não era senão uma ideologia mentirosa, a requintada justificação da pilhagem; sua ternura e seu preciosismo caucionavam nossas agressões. Têm boa aparência os não violentos: nem vítimas nem verdugos! Vamos! Se não sois vítimas, quando o governo que referendastes num plebiscito e quando o exército em que serviram vossos jovens irmãos levaram a cabo, sem hesitação nem remorso, um "genocídio", sois indubitavelmente verdugos. [...] entre nós, um homem significa um cúmplice, visto que todos nós lucramos com a

> exploração colonial. [...] E a Europa, que faz ela? [...] Que tagarelice: liberdade, igualdade, fraternidade, amor, honra, pátria, que sei eu? Isto não nos impedia de fazermos discursos racistas, negro sujo, judeu sujo etc. [...] erro ou má-fé: nada mais consequente em nosso meio, que um humanismo racista, uma vez que o europeu só pode fazer-se homem fabricando escravos e monstros.

Para terminar, quero discutir a questão de como as próprias experiências da terapeuta, pessoais e políticas, influem no processo terapêutico, e se é possível entender nossos pacientes nos países do "Sul" sem ter experiência própria de emigração e suas consequências. Meu colega e amigo Raúl Paramo-Ortega (1992, p. 176-77), do México, publicou um artigo recordando os 500 anos da colonização.

> Nossa interminável condição de subdesenvolvimento encontra-se intimamente relacionada com os efeitos altamente traumáticos da hecatombe cultural que representou a irrupção do mundo europeu em nossas terras. O trauma tem sobrevivido nas mentalidades, na maioria coletiva e nas instituições. Nossa maior herança é uma herança de conteúdo traumático. Os efeitos traumáticos de ordem sociopsicológica estão longe de ser superados e têm que ver com conteúdos que permanecem inconscientes. [...]
> Na realidade, estamos no início de uma tarefa urgente que, no momento, começa a se dar conta de nossa continuidade histórica e do fato de que somos psiquicamente configurados por acontecimentos históricos. Uma psicologia individualista converte-se em obstáculo para a percepção inicial de fatos supraindividuais que nos envolvem. As reflexões psicanalíticas que têm como temas primordiais esse tipo de fatos históricos e culturais são as que têm recebido o nome – decerto não muito afortunado – de etnopsicanálise.

A consciência da atitude ideológica e política própria do(a) terapeuta evidentemente não deve se confundir com a ruptura da "abstinência psicoterapêutica" nem transformar o trabalho terapêutico em militância política. Mas essa é a condição básica por parte do(a) psicoterapeuta para ser consciente daquele aspecto da "conversa cultural" (J. L. Moreno) e da contratransferência à qual se refere o trabalho de interpretação. O terapeuta deve ser consciente das reações emocionais nas contratransferências – por exemplo: "sobreidentificação", "culpa", "asco", "compaixão", impulsos agressivos ou tendências sexualizadas. Não deve influir "sem se dar conta" no processo terapêutico, o que deve ser discutido no trabalho de supervisão e em seminários coletivos.

Seguramente, em minha longa experiência de vida (33 anos), a condição de mulher europeia em países do "Sul" me sensibilizou, ainda mais com essa problemática, que elaboro por um lado como psicanalista e por outro como psicodramatista; talvez o enfoque sobre a problemática da agressão também seja um reflexo das atuais condições políticas.

De modo dramático, somos forçadas a entender melhor os fenômenos dos "fundamentalismos" e a problemática dos imigrantes. E, de certa forma, o etnopsicanalista é "superatual", com seu objetivo de investigar a dinâmica da violência na subjetividade dos indivíduos de diferentes culturas e suas consequências conscientes e inconscientes sobre as relações intersubjetivas. Fala-se do "*crash* da civilização", analisam-se as raízes do pensamento e do agir fundamentalista, a palavra "terrorismo" é universal pelo menos desde o 11 de Setembro (2001) e é evidentemente usada e abusada pela política dominante, sobretudo dos Estados Unidos, de Israel e também da Europa.

Minha opinião é a seguinte: se o(a) terapeuta não tem conhecimentos históricos e culturais do *background* do paciente, não pode levar em conta as razões pelas quais este está no país estranho (exílio, emigração, ilegalidade, asilo). Assim, a escuta analítica e a leitura da cena psicodramática serão sempre cheias de "conservas culturais", pois tenderão a ter, como condição inevitável, caráter ideológico, cultural e biográfico equivocados. Ao mesmo tempo, vale a pergunta: por que eu, como psicoterapeuta, quero trabalhar com pessoas traumatizadas e em países estranhos?

Podem ocorrer, no enquadramento psicanalítico, assim como acontece no psicodrama, repetições das relações de poder que foram sofridas anteriormente de maneira traumática. De qualquer forma, importantes aspectos inconscientes da subjetividade e da identidade cultural e social dos participantes em processo permanecem latentes, como "buracos negros". Refiro-me à pergunta: qual ideologia (filosofia, religião) influi na interpretação do terapeuta? E volto a um ponto importante dentro da problemática da interpretação psicanalítica, que foi discutido apaixonadamente no congresso psicanalítico em Viena, em 1971, e se converteu na temática central na disputa entre os representantes da IPA e aqueles da "Plataforma Internacional".

Não existe a neutralidade do(a) psicanalista nem do(a) psicodramatista!

A interpretação sempre está influenciada pela atitude ideológico-política do(a) psicoterapeuta e deve se fazer consciente principalmente nos tempos atuais de angustiantes mecanismos de projeção entre o "bom" e o "mau". Também temos de nos dar conta de que existem psicanalistas que são peões de verdugos e torturadores, como o exemplo mais conhecido do Amilcar Lobo no Brasil, que até hoje ainda trabalha como psicanalista. Ou o exemplo de Yerodía, da República Democrática do Congo, pertencente à alta classe nos círculos de Lacan em Paris, tendo sido ministro de Saúde, cúmplice no genocídio do povo dos Tútsis de Ruanda!

Quem é um "terrorista", então? O(a) conformista calado(a) ou o(a) lutador(a) rebelde?

Como interpretamos a "pseudossolução" em forma de neurose? Como será interpretar os diferentes sintomas nesse espaço ampliado dentro do processo psicodramático?

REFERÊNCIAS BIBLIOGRÁFICAS

Ali, T. *The clash of fundamentalisms: crusades, jihads and modernity*. Nova York: Verso, 2002.

Hauser, U. "Psicoterapia de militantes políticos". *Subjetividad y Cultura*, México, n. 28, out. 2012. Disponível em: <http://subjetividadycultura.org.mx/2012/11/psicoterapia-de-militantes-politicos/>. Acesso em: jul. 2015.

Nobus, D. "Pensamientos para épocas de violencia y tortura: hacia una ética de indiferencia?" *Giros de Aspas*, n. 7, Costa Rica, 2004, p. 53-77.

Paramo-Ortega, R. "El trauma que nos une: reflexiones sobre la conquista y la identidad latinoamericana". *Dialéctica*, n. 23-24, 1992/1993, p. 175-97.

Sartre, J. P. "Prefácio". In: Fanon, F. *Os condenados da Terra*. Trad. José Laurênio de Melo. Rio de Janeiro: Civilização Brasileira, 1968, p. 3-21.

9. Ato sociodramático: as ideologias grupais visíveis e invisíveis da contemporaneidade

Mariângela Pinto da Fonseca Wechsler

Regina Fourneaut Monteiro (Réo)

INTRODUÇÃO

Em tempos de crise, buscamos ser contemporâneos, ter coragem de promover ações em espaços públicos que, ao dar visibilidade às urgências do cidadão comum, possam gerar desdobramentos que visem a transformações no micro, diluindo a importância das grandes soluções pertencentes ao macro. É esse o trabalho de psicodrama público efetuado no Centro Cultural São Paulo (CCSP), desde 2003, todos os sábados das 10h30 às 13h. Uma parceria entre um grupo de psicodramatistas da cidade de São Paulo e a direção do Centro Cultural, por intermédio da Divisão de Ação Cultural e Educativa do CCSP.

Implementar esse projeto de psicodramas públicos num espaço de cultura significa entendermos, tal qual Costa (2000) já anunciava, que a cultura está ligada, sobretudo, ao domínio político, antes mesmo de dizer respeito aos domínios estético e humanístico. Segundo Henningen (2007, p. 201): "O campo dos Estudos Culturais surge justamente como uma forma de produzir conhecimento sem pretensões totalizantes. [...] A cultura passa a ser vista como uma prática que produz significados".

Dessa maneira, os métodos socionômicos, articulados ao seu corpo teórico e à filosofia de homem moreniano, constituem-se como práticas que permitem dar visibilidade às diferentes significações e verdades dos sujeitos presentes. Um campo político, pois os processos sociais, culturais, econômicos, tecnológicos etc., ao se interconectarem no "aqui e agora", produzem cenários e ganham significações pela coconstrução das tramas e dos dramas vivenciados.

Passaremos a contar um sociodrama, no CCSP, ocorrido no dia 25 de outubro de 2014, um dia antes das eleições presidenciais em nosso país. Contamos com a presença de 60 pessoas. A diretora foi a autora Mariângela P. F. Wechsler e a proposta foi trabalhar com os temas emergentes.

ACONTECIMENTO SOCIODRAMÁTICO

Iniciamos com o aquecimento inespecífico para conhecimento do grupo; o subgrupo dos frequentadores assíduos ao projeto contou, por meio de encenações, os objetivos daquele espaço, quais sejam: possibilidade de troca de experiências, escuta, pertencimento e aceitação das diferenças.

A seguir, a diretora propôs um aquecimento corporal. Todos iniciaram movimentos como se estivessem acordando: espreguiçando, alongando, respirando profundamente, bocejando (iniciadores físicos)... A partir daí, ela pediu que cada um dos participantes se voltasse para dentro de si e percebesse o que estava sentindo no momento. Formaram-se duplas que se comunicaram por intermédio de gestos. Outra rodada foi pedida e as duplas foram trocadas, com o mesmo objetivo de cocriação.

Agora, em campo mais relaxado, permeado de relações que engendravam *tele*, a diretora encaminhou o aquecimento específico para a emergência dos temas a ser trabalhados. Dessa maneira, recorreu a iniciadores mentais, mais precisamente a uma fantasia dirigida, que levaram o grupo a tomar o papel de jornalistas que precisavam capturar manchetes do cotidiano a ser veiculadas no *Jornal Nacional*. Todos foram convocados a pensar quais os temas importantes do cotidiano, e a quais veículos de comunicação gostariam de pertencer. Assim, foram criados cinco subgrupos da mídia – revista, rede de televisão, redes sociais, rádio e jornal –, que conversaram entre si sobre os temas eleitos e cocriaram cenas que foram dramatizadas em seguida.

CENA 1: REVISTA *SUPERINTERESSANTE*

A dor da traição: A trama de um casal com um filho pequeno, cujo drama apontava para o homem que traía a mulher com uma amante na padaria. O pai negava a percepção da mãe, que suspeitava de outra mulher, e reclamava que ela era chata e o controlava. O filho ficava no meio do casal, indeciso sobre qual lado ir e angustiado com a briga. No final da cena, o homem foi pego em flagrante na padaria, pela mulher e pelo filho. Colocado em xeque, escolheu a amante. A mulher, para vingar-se, matou o filho. As ressonâncias da plateia foram: "*Quem ama não mata*", "*a tragédia*", "*a vingança*"...

CENA 2: REDE DE TV – SISTEMA BRASILEIRO DE TELEVISÃO (SBT)

A dúvida: A história do debate eleitoral, com a presença dos dois candidatos ao segundo turno das eleições presidenciais no Brasil (Dilma e Aécio), mediado por um personagem, "o jornalista", com venda nos olhos. Assistindo ao debate estão cidadãos indecisos, também angustiados por não saber quem escolher. A diretora pediu à plateia vozes de outros participantes que desejassem verbalizar suas necessidades, pois o personagem em cena não soube explicitá-las. São elas: "*coerência*", "*melhor educação*" e pedido para "*calarem a boca*", pois muitas informações não os ajudavam a escolher.

CENA 3: REDES SOCIAIS

A falta de confiança e a solidão: A trama da relação entre um paciente e um psicanalista. O drama mostrou o conflito dos dois personagens, com seus medos, inseguranças e críticas. Na cena, houve a imagem em movimento dos personagens do mundo interno do paciente, que escavavam o inconsciente. A diretora pediu para a plateia nomear quais eram as mazelas humanas encontradas: *"egoísmo, medos, inseguranças"* foram citados. Do vértice do psicanalista, a cena se desenrolou com ele acionando a internet pelo celular para, ao compreender melhor a dinâmica do paciente, poder diagnosticá-lo.

A diretora pediu para a plateia dar voz ao personagem psicanalista: *"Não sei o que fazer"*, *"Também tenho problemas sexuais"*, *"Tenho problemas com minha mãe"*, *"Tenho inseguranças e medos"*. Enquanto essas vozes aconteciam em cena, ouvia-se um tamborilar no microfone; eram os dedos do paciente. A diretora indagou a todos o que seria aquele som: *"batidas aceleradas do coração"* foi a resposta em consenso.

O que fazer? A diretora perguntou à plateia que ações poderiam ser feitas. Aconteceram duas cenas. Na primeira, um paciente foi convidado para ir ao centro e, em uma roda "apertada", todos o abraçaram, incluindo o psicanalista. Na segunda cena, a roda foi desfeita e todos ficaram de mãos dadas, enfatizando o vínculo de confiança, mas com contornos singulares.

CENA 4: RÁDIO DO POVO

Manipulação, alienação: A trama veiculou a voz do rádio que referendava os dispositivos de poder, apontando para a importância das pesquisas quantitativas sobre as eleições presidenciáveis; a novela da Rede Globo de Televisão, com o momento do casamento dos protagonistas e a propaganda da bebida mais vendida no Brasil: a Coca-Cola. A diretora pediu à plateia que fizesse imagens do que estava sendo ouvido: um personagem apareceu em cena, desfilando com seu vestido de noiva, imitando a noiva da novela, aquecendo a plateia para seu antagonista, que logo apareceu e com ela dançou ao som de uma valsa que o grupo ressoava. Outro personagem apareceu fazendo com as mãos uma viseira que direcionava seu olhar e foco somente para um lugar e, em solilóquio, dizia: *"Sou burra"*. Mais uma dupla de personagens entrou em cena: um, com a guia, conduzindo o outro que estava com a coleira no pescoço. A diretora perguntou quais eram as ressonâncias: *"manipulação da mídia"*.

CENA 5: JORNAL DE PORTUGAL

Colonizador e colonizado: A história deu visibilidade para a vergonha de ser brasileiro diante das denúncias de corrupção e da repetição da herança do colonizador que sempre nos roubou. A cena contava com a presença de dois radialistas portugueses que denunciavam os escândalos que o Brasil atravessava no momento das eleições, envolvendo nomes de políticos e empresários, pessoas de destaque na vida pública. A diretora solicitou à plateia que se pronunciasse e apareceram personagens/cidadãos comuns que mostraram vergonha e ressaltaram a herança do colonizador português que sempre nos roubou: *"Quem são vocês para nos criticar? Vocês que nos roubaram tanto...!"*

A diretora encerrou os trabalhos no contexto dramático e pediu que todos se sentassem e compartilhassem o vivido, no contexto grupal:

"Surpreendi-me sobre aquilo que apareceu em cena, diferente do que combinamos... uma surpresa boa, embora tenha me incomodado um pouco porque tenho uma personalidade quadradinha."

"A vida é assim, planeja-se e na hora acontece diferente..."

"Saio contente, todas as cenas me contemplaram e me senti agregada. Meu colega também não ficou de fora, acho que esta é uma função do psicodrama."

"Os psi não falam (referindo-se aos estudantes de psicologia presentes) *e nós não psi que falamos... é um padrão que sempre acontece aqui..."*

"Tanto a Dilma quanto o Aécio (dois candidatos finais à eleição presidencial) *na minha vida não vão fazer diferença, mas foi muito bom pois pelo menos houve críticas."*

"Não concordo que todos tenham de se abraçar, nascemos sozinhos... somos sociais, mas é responsabilidade de cada um reconhecer

sua inveja, egoísmo... mas quando alguém for melhor do que eu também vou reconhecer... é importante acolher o aplauso de alguém."

"Hoje não me afetou... eu gosto dos desafios..."

"Também gostei de poder falar, é mais legal quando sai diferente do planejado..."

A diretora encerrou os trabalhos do dia refletindo com todos sobre as cenas apresentadas em nosso *Jornal Nacional* do dia 25 de outubro de 2014 no Centro Cultural. Pontuou que as cenas contaram com momentos públicos e privados, momentos contemporâneos, acontecimentos do "aqui e agora" que deram visibilidade às diferentes subjetividades; as dores e angústias de estar num lugar aprisionado, necessitando de maior reconhecimento e empoderamento para escolher os caminhos a ser trilhados. Ressaltou também os poderes de manipulação da mídia que foram explicitados durante as cenas.

Ao entrar e sair do Centro Cultural, a diretora se pega pensando: "*Será que poderei aproveitar esta direção para o livro que está sendo gestado?*"

Com certo distanciamento, percebe agora, apoiada por Regina F. Monteiro, companheira Réo de muitos trabalhos, incluindo este texto e este livro, que sim!

Vamos às reflexões!

REFLEXÕES SOBRE A PRÁTICA

Como indicamos na introdução, de maneira breve, ser contemporâneo é ter coragem de promover ações em espaços públicos. Ora, que coragem seria essa?

Acompanhando o pensamento de Agamben (2009), a coragem a que ele se refere diz respeito à intempestividade que Nietzsche já abordava em suas *Considerações intempestivas*, depois que já havia escrito o *Nascimento da tragédia*. Nietzsche explica por que uma de suas considerações é intempestiva:

> [...] porque procura compreender como um mal, um inconveniente e um defeito algo do qual a época justamente se orgulha, isto é, a sua cultura histórica, porque eu penso que somos todos devorados pela febre da história e deveremos ao menos disso nos dar conta. (Nietzsche *apud* Agamben, 2009, p. 58)

Assim, Agamben (ibidem, p. 58-59) referenda Nietzsche quando diz:

> [...] pertence verdadeiramente ao seu tempo, é verdadeiramente contemporâneo, aquele que não coincide perfeitamente com este, nem está adequado às suas pretensões [...] ele é capaz, mais do que os outros, de perceber e apreender o seu tempo.

Já utilizamos essa citação na apresentação deste livro e, aqui, nos dará um norte para nossas reflexões. Ora, o que pudemos apreender deste nosso tempo por intermédio da prática apresentada? Quais "trevas do presente" foram vividas em cena? Qual a postura do psicodramatista contemporâneo? Para tais respostas, emprestaremos os vértices da metodologia socionômica, articulada aos conceitos de coconsciente/coinconsciente, espontaneidade e criatividade, e o vértice da postura do psicodramatista.

A perspectiva da metodologia socionômica nos oferece caminhos próprios que nos conduzem a essa possibilidade de enxergar e, de alguma forma, neutralizar as luzes que provêm da época e ainda não são separáveis do escuro especial. Os contextos (social, grupal e dramático), instrumentos (cenário, protagonista, diretor, ego-auxiliar e plateia) e etapas (aquecimento, dramatização e compartilhar), eixos da metodologia socionômica, nos ajudam nessa tarefa. De que forma isso ocorreu na prática apresentada?

Nosso aquecimento teve a intenção de, além da formação de um espaço grupal, trabalhar as cocriações num campo relaxado. Monteiro (2012) pontua a importância do aquecimento em todo trabalho psicodramático, visando à descontração e a um baixo nível de tensão. Condição *sine qua non* para a ludicidade poder ser experimentada. Ora, por que o lúdico nos é caro? Porque é neste espaço que poderemos viver o sagrado que integra *Ser e Ação*, numa perspectiva imanente, diferentemente daquele sagrado medieval, dos primórdios da Igreja, que ao separar o Deus que tudo sabe, vigia e pune do Deus da Terra que somente administra a casa/*polis*, sem nenhuma responsabilidade, inaugura os dispositivos por esta via transcendente (Wechsler, 2014). O aquecimento durante todo o trabalho psicodramático é o responsável pelas ações espontâneas e criativas, as próprias *centelhas divinas* que Moreno (1976) nos ensinou.

Em todas as cinco cenas, na dramatização, encontramos pontos em comum: a angústia e a dor da criança que precisava escolher entre os valores veiculados pelo pai e pela mãe e não sabia como fazê-lo; a angústia e indecisão de não saber em quem votar, pois não reconhecia suas próprias necessidades que orientariam suas escolhas, assim como não existia a confiança nos valores e projetos veiculados pelos presidenciáveis em meio a tanta informação; a angústia do paciente e do psicanalista que não sabiam o que fazer com suas próprias mazelas; a angústia (transformada em alegria) de viver um simulacro, ao imitar os prazeres da novela; a angústia de sentir-se burro, adestrado e manipulado pela mídia; a angústia da repetição da herança do colonizador diante das violências imputadas.

Com essas angústias, apreendemos a insegurança, a falta de confiança, a solidão, o medo, o descrédito no coletivo que veicula a repetição da violência. Quais os valores do nosso tempo atual que nos cega, mas veicula esses mesmos sentimentos e percepções? Somos contemporâneos de quais valores?

Podemos dizer que nesta nossa época, na qual se dissiparam os vínculos afetivos estáveis em detrimento da velocidade imposta pela nova ordem das tecnologias, das relações virtuais e do capitalismo em curso, em que as relações de mercado e da mídia ditam as regras do bem-sucedido, os valores advindos disso só podem ser disputas, competição, poder e subjetividades privatizadas em busca de uma potência nunca alcançada. Não há tempo e espaço para experiências de interioridade e pertencimento simbólico. Ora, como confiar, sentir-se seguro e acolhido diante dessa nova ordem, fruto da conexão dos processos sociais, econômicos, políticos, culturais que atualizam processos de subjetivação desse calibre, que produzem os cenários e são produzidos por eles?

A partir da prática apresentada, quer seja no mundo privado, quer seja no mundo público, podemos desenhar o personagem protagônico virtual e seu antagonista: *um ser apequenado sendo esmagado por um gigante impiedoso.* Como resgatar um novo fluxo nessa história? Não trabalhamos esse personagem protagônico em cena, mas, ao darmos voz a todos nas diversas cenas com suas tramas e seus dramas, pudemos facilitar a tomada de consciência da *luz* do nosso tempo, sem o perigo da total cegueira.

O que nos permitiu "enxergar" esse personagem protagônico definido aqui como virtual? Ou, de outra forma, não poderíamos nomeá-lo como *a sombra da nossa época*? Alguns psicodramatistas contemporâneos, entre eles Falivene Alves (1999) e Contro (2009), sabiamente já nos diziam sobre a tridimensionalidade dos contextos, ou seja, que o contexto dramático presentifica quer o coconsciente, quer o coinconsciente dos contextos grupal e social.

Em outra publicação, Wechsler (2007, p. 5) correlaciona essa temática com o pensamento complexo de Morin (1990), quando pontua a semelhança dessa tridimensionalidade entre os contextos com o princípio hologramático que fundamenta a autoeco-organização dos sistemas vivos, sua capacidade de se autorrecriar (autopoiese): "A parte está no todo e o todo está na parte". Assim, pensamos que *a sombra de nossa época* que atravessa o contexto social presentificou-se nas tramas e nos dramas apresentados em cena, *um ser apequenado sendo esmagado por um gigante impiedoso.*

Do momento do compartilhar, no contexto grupal, pudemos também identificar questões que atravessaram o contexto social – nossa contemporaneidade. Quais foram?

"Surpreendi-me sobre aquilo que apareceu em cena, diferente do que combinamos ... uma surpresa boa, embora tenha me incomodado um pouco porque tenho uma personalidade quadradinha."

"Tanto a Dilma quanto o Aécio (dois candidatos finais à eleição presidencial) *na minha vida não vão fazer diferença..."*

"Hoje não me afetou... eu gosto dos desafios..."

Será que a noção de uma *personalidade quadradinha,* do descompromisso com o coletivo e da falta de afetação nos diz dos efeitos do nosso mundo contemporâneo? Pensamos que sim. Ora, será que personalidade quadradinha não pode ser compreendida como a possibilidade de valores cristalizados perante tamanha falta de experiências de interioridade com pertencimento simbólico no coletivo que apontem para novas experimentações? O conceito moreniano de conserva cultural nos leva à compreensão do polo de continuidade entre espontaneidade/criatividade e a própria conserva, uma vez que ações espontâneas que nos surpreendem, pois são novas, "frescas" e adequadas, marcam a saúde psíquica em contraposição a ações cristalizadas, sem colorido próprio. Por outro lado, Pereira (2011) já nos alertava para a marca dos últimos três séculos, nos quais as perdas de referências coletivas dão lugar às subjetividades privatizadas e repetitivas.

As falas a seguir nos levam a pensar sobre os efeitos da prática apresentada, visto que a falta de contorno e de experiências de interioridade que levem ao reconhecimento, quer em âmbito privado, quer em âmbito público, é uma marca do nosso tempo. No entanto, no Centro Cultural, nesse dia, foi possível olhar as *trevas* e reconhecer as *sombras*:

"Não concordo que todos tenham de se abraçar, nascemos sozinhos... somos sociais, mas é responsabilidade de cada um reconhecer sua inveja, egoísmo... mas quando alguém for melhor do que eu também vou reconhecer... é importante acolher o aplauso de alguém."

"Também gostei de poder falar, é mais legal quando sai diferente do planejado..."

Será que no contexto social também não deparamos com essas qualidades de experiências que nos levam a nos tornar seres humanos mais humanos? Pensamos que sim, embora tenhamos convicção de que são poucos esses espaços, por isso a necessidade política de multiplicarmos essas possibilidades!

Da perspectiva da postura do psicodramatista contemporâneo, podemos pontuar que ser contemporâneo é ser capaz de enxergar as *sombras da luz da nossa época*, sendo *inatual*, de ser *próximo e distante* ao mesmo tempo, como nos diz Agamben (2009). O pesquisador psicodramatista também precisa estar dentro do campo de pesquisa com seu envolvimento existencial e, ao mesmo tempo, fora, com distanciamento reflexivo (Wechsler, 1997) para, dessa maneira, poder facilitar a apreensão das trevas e do invisível. Para tanto, as transformações precisam começar em nós mesmos!

CONSIDERAÇÕES FINAIS

Falamos em tempos de crise na introdução. Perguntamo-nos, agora: quais os efeitos contemporâneos resultantes das tentativas de ruptura com a modernidade? Além da subjetividade privatizada, sem referências de interioridade, da apatia a tudo que diga respeito ao mundo público (Pereira, 2011), encontramos as guerras, epidemias, catástrofes que levam à desorganização emocional, produzindo certas formas de sofrimento psíquico reconhecidas como uma patologia atual: as patologias por disrupção (Thomé, 2011). A depressão, vista como a patologia que marca a falta de sentido na vida, é considerada o mal da época.

Castells (1999) focaliza a contemporaneidade como uma sociedade em rede e aponta para os efeitos das transformações estruturais que abarcam as relações de produção, de poder e de experiência. Para ele, essas transformações ocorrem por meio de três processos: a revolução tecnológica da informação; a crise econômica do capitalismo e do estadismo; o clímax de novos movimentos sociais. A perspectiva da experiência encontra-se ligada à crise do patriarcalismo, devido a mudanças da ordem econômica e desdobramentos dos movimentos sociais – feminismo, lutas de homossexuais, comissão da verdade, por exemplo. Dessa maneira, a contestação da autoridade patriarcal leva a consequências em todo o corpo social. Já na esfera privada, diferentes formas de família, relações de gênero, sexualidade e variados perfis de personalidade aparecem.

O Centro Cultural São Paulo é, por excelência, um lugar público que pode acolher cidadãos que vivem, de algum modo, essas crises.

> A contemporaneidade aponta para a necessidade de espaços que possam dar conta de subjetivar as tragédias cotidianas que atravessam nosso momento atual, nos seus vários vértices: éticos, políticos, estéticos, econômicos, sociais, culturais. A clínica, nomeada por psicoterapia individual, não é o único dispositivo que pode atender às necessidades do sofrimento da população. Afinal, esse sofrimento é específico aos indivíduos ou, em contrapartida, é também efeito de uma configuração grupal e social mais ampla? [...] atos e processos vivenciados que fizeram deste espaço público uma clínica social, um lugar de subjetivação e objetivação dos dramas apresentados. (Wechsler e Monteiro, 2014, p. 58)

O Congresso Internacional de Psicoterapia de Grupo em 2015, na Croácia, promovido pela International Association of Group Psychotherapy (IAGP), tem justamente em seu nome a expressão *Tempos de Crises*, o que referenda a importância de nós, pensadores, nos debruçarmos mais intimamente sobre o tema. A chamada do Congresso aponta para a questão: "Quais são nossas respostas terapêuticas, psicológicas, psicossociais e políticas às manifestações emocionais dessas mudanças globais? Como mantermos nossa atenção ao conhecimento do (co)inconsciente em nossos grupos ante o discurso social contemporâneo?"

Acreditamos que nossas práticas no Centro Cultural São Paulo, em especial essa aqui apresentada, nos oferecem pistas para as respostas terapêuticas, psicológicas, psicossociais e políticas, visto que entendemos a cultura ligada, sobretudo, ao domínio político (Costa, 2000). Segundo Henningen (2007, p. 202), a conexão entre trabalho intelectual e político marca os estudos culturais:

> A Cultura é concebida como o lócus onde se estabelecem divisões que implicam em desigualdades, onde acontecem os embates políticos: o espaço privilegiado em que ocorre a luta pela significação. A construção de identidade(s) passa a ser entendida como um processo que se forja discursivamente e que não pode ser pensado dissociado da produção simultânea de diferença(s).

Acreditamos ainda que, para além dos psicodramas públicos realizados no Centro Cultural São Paulo (Figusch, 2010), outros atos políticos precisam acontecer em espaços abertos, o que nos referenda Monteiro (2010) quando nos conta o primeiro sociodrama encenado numa praça pública em São Paulo, em 18 de maio de 1990, sobre a temática "a luta antimanicomial", assim como em espaços fechados (Câmara Municipal de São Paulo), em 17 de abril de 1984, com o tema fundamental brasileiro para aquele momento, "Diretas Já!", contando com a participação dos psicodramatistas Ronaldo Pamplona e Carlos Borba.

Pensamos que nosso movimento psicodramático já está engajado nessa corresponsabilidade, visto que os congressos de psicodrama brasileiros, desde 2004, vêm trazendo para a grade científica as ações da *Comunidade em Cena*. Naquele momento, a Diretoria de Ensino e Ciência da Federação Brasileira de Psicodrama (Febrap) inaugurou a implementação dessa grande mudança, por intermédio das psicodramatistas Stela Fava,

Marília Marino, Maria de Lourdes Sgorbissa e Mariângela P. F. Wechsler, em parceria com a presidente do Congresso, Maria Cecília Veluk, e a coordenadora da comissão científica, Nice Brandão, nossa querida colega já falecida. Sabemos ainda que, a partir de maio de 2015, a Febrap fez uma parceria com o Centro Cultural de Diadema, oferecendo esse espaço para psicodramas públicos, também aos sábados. No entanto, aqui chamamos os psicodramatistas brasileiros para dar continuidade a esse foco.

Deixamos o leitor com a semente dessa luta contemporânea!

REFERÊNCIAS BIBLIOGRÁFICAS

Agamben, G. *O que é contemporâneo? e outros ensaios*. Chapecó: Argos, 2009.

Alves, L. F. R. "O protagonista e o tema protagônico". In: Almeida, W. C. (org.). *Grupos: a proposta do psicodrama*. São Paulo: Ágora, 1999.

Castells, M. *Fim de milênio*. São Paulo: Paz e Terra, 1999.

Contro, L. *Grupos de apoio ao processo de trabalho em saúde: articulações teórico-práticas entre psicodrama e análise institucional*. Tese (Doutorado em Saúde Coletiva) - Faculdade de Ciências Médicas, Universidade Estadual de Campinas, Campinas, 2009.

Costa, M. V. "Estudos culturais: para além das fronteiras disciplinares". In: Veiga-Neto, A.; Costa, M. V. (orgs.). *Estudos culturais em educação: mídia, arquitetura, brinquedo, biologia, literatura, cinema*. Porto Alegre: UFRGS, 2000.

Figusch, Z. "O modelo contemporâneo de sociodrama brasileiro". In: Fleury, H. J.; Marra, M. M. (orgs.). *Sociodrama: um método, diferentes procedimentos*. São Paulo: Ágora, 2010.

Henningen, I. "A contemporaneidade e as novas perspectivas para a produção de conhecimentos". *Cadernos de Educação*, FAE/PPGE/UFPel, n. 29, Pelotas, jul.-dez. 2007, p. 191-208.

Monteiro, R. F. "Teatro espontâneo: um ato político". *Revista Brasileira de Psicodrama*, v. 12, n. 1, 2004. Publicação da Federação Brasileira de Psicodrama.

________. "17 de abril de 1984: de lá para cá, muita água rolou!" In: Fleury, H. J.; Marra, M. M. (orgs.). *Sociodrama: um método, diferentes procedimentos*. São Paulo: Ágora, 2010.

________. *O lúdico nos grupos*. São Paulo: Ágora, 2012.

Moreno, J. L. *J. L. Moreno y las palabras del padre*. Buenos Aires: Editorial Vancu, 1976.

Morin, E. *Ciência com consciência*. Portugal: Publicações Europa-América, 1990.

Pereira, A. H. *O psicodrama e o imaginário contemporâneo*. Curitiba: Juruá, 2011.

Thomé, J. T. "Aspectos importantes no manejo psíquico de pessoas em áreas de catástrofes e desastres". *Boletim Científico da ABP (Associação Brasileira de Psiquiatria)*, ed. 18, 2011.

Wechsler, M. P. F. *Pesquisa em psicodrama*. Texto mimeo apresentado no Encontro de Professores e Supervisores da Federação Brasileira de Psicodrama (Febrap), Instituto Sedes Sapientiae, nov. 1997.

______. "Pesquisa e psicodrama". *Revista Brasileira de Psicodrama,* v. 15, n. 2, 2007, p. 71-78.

______. "Preço e/ou apreço: Jornal Vivo como dispositivo ou contradispositivo?" In: Wechsler, M. P. F.; Monteiro, R. F. (orgs.). *Psicodrama em espaços públicos: práticas e reflexões.* São Paulo: Ágora, 2014.

Wechsler, M. P. F.; Monteiro, R. F. "Psicodrama em espaços públicos". In: *Revista Psique Ciência e Vida*, ano IX, n. 107, São Paulo, 2014.

10. "Eu sou Palooza!"

André Marcelo Dedomenico

"Hey, mãe! Tem uns amigos tocando comigo/ eles são legais, além do mais/ não querem nem saber/ que agora, lá fora/ o mundo todo é uma ilha/ a milhas e milhas/ de qualquer lugar/ nessa terra de gigantes/ que trocam vidas por diamantes/ a juventude é uma banda/ numa propaganda de refrigerantes..."
(ENGENHEIROS DO HAWAII – Terra de gigantes)

"Eu só queria te contar
Que eu fui lá fora
E vi dois sóis um dia
E a vida que ardia sem explicação."
(CÁSSIA ELLER – O segundo sol)

UM ATO-EXPERIMENTAÇÃO

ENTRE A PREGUIÇA DE Macunaíma e a recusa estranha de Bartleby, há uma zona de possibilidades ainda não esgotadas, e o comprometimento arrasta um corpo falante pelo metrô até o espaço Missões num sábado de manhã para mais um trabalho (?) dramático...[1] Nesse trajeto, procura esvaziar-se de expectativas

1. Ato-experimentação socionômico realizado no Centro Cultural São Paulo em 28 de março de 2015 com cerca de 80 participantes.

concretas ou imaginárias a respeito do que fazer... esforça-se por chegar o mais vazio possível àquele espaço... É quase sempre assim, como criança na hora do banho que se recusa insistentemente ao pedido dos adultos para que se submeta às rotinas de higiene corporal, e depois que entra embaixo d'água de lá não quer mais sair... Desejo meio ambivalente, meio esquizo... De estar e não estar... De estar dentro e fora ao mesmo tempo...

Muitos corpos falantes já o esperam. Em sua grande maioria, estudantes que ali estão pela primeira vez, muitos a pedido dos professores. Cumprimenta alguns conhecidos, troca algumas palavras com outros e começa às 10h35. Não explica nada, pede a todos que fiquem em pé e guardem bolsas e cadernos: não haverá nenhuma aula para ser anotada, tampouco espetáculo a ser visto. Macunaíma e Bartleby não lhe dão trégua facilmente, a preguiça de um e a recusa do outro insistem em acompanhá-lo...

Levante-se em silêncio, caminhe, encontre alguém, troque algumas palavras, explore com o olhar os corpos falantes ao seu redor, o espaço no qual você se encontra, tente rapidamente conhecer quem está mais próximo a você...

O aquecimento prossegue em silêncio...

Pare em algum lugar da sala numa posição que não seja nem em pé nem sentado na cadeira em que antes estava.

Quase todos sentam-se no chão...

Fechem seus olhos... Refaçam o percurso de sua casa até aqui, os pensamentos que foram lhes ocorrendo, suas expectativas do que encontrariam, tranquem tudo isso de algum modo e deixem de lado... Criem uma personagem para estar aqui, sejam essa personagem, observem bem seus movimentos, suas vestimentas, seus gestos principais. Abram seus olhos. Fiquem na posição que essa personagem exige de seu corpo, exagerem no gesto que mais o caracteriza. Olhem para as personagens que estão pelo espaço... Escolham-se em silêncio... Formem pequenos grupos e criem cenas para ser apresentadas aos demais...

Vários subgrupos começam a apresentar suas cenas no meio do espaço. Avisa-se que não haverá microfone... "Espectadores" terão de se esforçar para ouvir quem estava em cena e "atores" terão de se esforçar para se fazer ouvir. Uma atmosfera de estranhamento vai se produzindo aos poucos, assim mesmo, no gerúndio.

Uma sucessão de cenas é apresentada. Em algumas o silêncio predomina... Cenas de sala de aula com professoras que ocupam o lugar da verdade e não conseguem se fazer escutar pelos alunos, um jogador de futebol de sucesso que larga sua profissão para virar palhaço, uma banda de rock cujo ritmo é dado por um cantor jovem numa cadeira de rodas, pessoas discutem alguns assuntos enquanto matam moscas que as incomodam, pessoas invisíveis e isoladas que percebem uma bailarina dançando e se atraem por ela...

Pede-se que algumas cenas sejam reapresentadas aleatoriamente a pedido dos presentes. A cada repetição, as personagens escolhem sua fala e seu gesto mais marcantes. Repetem-se exaustivamente as repetições. Os gestos e falas começam a ter vida própria, vão contagiando outros participantes, reaparecem em outras personagens de cenas subsequentes. Pequenos enunciados e movimentos corporais começam a atravessar os presentes.

O palco se ocupa e se esvazia sucessivamente, as diretrizes do diretor ficam cada vez menos necessárias e o movimento espontâneo e alternado de entrar e sair de cena, de esvaziar e ocupar o palco se produz. Algumas personagens com pequenas modificações se alternam na apresentação, os enunciados se sucedem e passam de boca em boca, uma espécie de contágio cênico. Uma grupalidade se produz engendrada nesses elementos enunciativos e gestuais que se repetem a cada vez de modo diferente e por diferentes corpos falantes.

Um enunciado de suicídio é o que mais se repete, articulado com inúmeros outros que lhe dão sustentação na produção de cenas correspondentes. O palco delimitado entre todos alterna-se entre um vazio e ocupações cênicas cujas fronteiras entre quem assiste e quem interpreta já não são tão possíveis de distinguir. O movimento de criação cênico acontece algumas vezes rápido, espontâneo e vertiginoso, sem nenhuma necessidade de orientação do psicodramatista presente, o qual apenas cuida de pequenos ajustes estéticos ou da entrada de algumas personagens em cena.

As cenas apresentadas trazem inúmeros elementos subjetivos relacionados ao suicídio, à loucura, ao preconceito, ao que a mídia divulga, aos conhecidos que sofrem quando um ente querido se suicida. Ora o suicídio e a morte são enaltecidos, ora criticados, ora esconjurados, ora moralizados, ora midiatizados e espetacularizados, ora cuidados, ora corpos mortos são levados em uma procissão carnavalizada ao ritmo de um samba popular...

Duas personagens "irmãs" aparecem e reaparecem constantemente entre as cenas, repetindo um quase mantra: *"Sabem quem eu sou? Eu sou a Lola"* e *"Eu sou Palooza!"* Lola distribui aos espectadores panfletos imaginários em branco a respeito de como suicidar-se e entra em algumas cenas defecando no espaço público. Há ainda muitas outras coisas, personagens diversas, gestos inúmeros, enunciados *nonsense* que se apresentam na geografia do palco... Retoma-se a direção apenas para dar um corte nos fluxos criativos e expressivos, devido ao horário que começa a se esgotar.

Abre-se ao compartilhar. Sucedem-se inúmeras falas sobre histórias pessoais ou familiares de suicídio, agradece-se pela liberdade produzida e pela possibilidade de cuidar desse assunto de modo não moralista ou patologizante, mas como algo humano, demasiado humano. "Palooza" reaparece e diz ser aquela que desvia, que subverte a própria encarnação da transgressão. Percebem-se lágrimas em alguns olhares, até mesmo neste que vos escreve, uma sensação alegre/triste se faz presente e uma leveza começa a tomar conta do corpo enquanto uma rede de escuta com seu silêncio necessário vai dando sustentação aos compartilhamentos. Um corpo falante recita versos de uma música: "*[...] nessa terra de gigantes que trocam vidas por diamantes.../ Hey, mãe! Eu tenho uma guitarra elétrica/ durante muito tempo isso foi tudo que eu queria ter...*"; e ainda de outra: "*[...] explicação, não tem explicação, explicação, não tem explicação, não tem, não tem, não tem...*"

BREVES DESDOBRAMENTOS CONCEITUAIS E METODOLÓGICOS COM BASE NO ATO-EXPERIMENTAÇÃO

1. PREGUIÇA E RECUSA

Tanto uma como outra são decorrentes de certo estado de coisas que se tem testemunhado nas expressões e produções subjetivas pelo país nos últimos tempos: intolerâncias diversas, dificuldade de escutar a outrem e de legitimar perspectivas de mundo diferentes das de um EU, redução da maioridade penal, espetacularização da morte e da vida, empobrecimento dos modos de vida por meio do estímulo ao consumo, desmatamentos ilegais, apropriação do público pelo privado, controles os mais diversos possíveis, pedidos para que o regime militar retorne... Enfim, certa atmosfera neofascista em que vidas, quaisquer que sejam, acabam por ter muito pouco valor, são reduzidas a mera categoria biológica e/ou mensuradas em última instância apenas pelos valores capitalísticos vigentes.

Macunaíma e Bartleby são anti-heróis revolucionários. Não porque pregam uma nova ideologia, mas porque em suas atitudes (a preguiça do primeiro e a recusa do segundo) fazem que certo mundo ao seu entorno saia dos eixos ao não serem cúmplices de alguns valores e práticas. São modos de vida e focos de afetação que podem funcionar como estratégias de resistência aos poderes vigentes: Bartleby, ao produzir uma anomalia linguística[2] fazendo a gramática sair dos eixos; Macunaíma, uma performatividade corporal que em nada corresponde à eficácia contemporânea esperada da figura do empresário de si, do *self-made man.*

2. GRUPO E GRUPALIDADE

São duas grandezas inversamente proporcionais. Conforme uma se expande, a outra se retrai e vice-versa. Chama-se aqui grupo a uma instituição socionômica dada por suas dinâmicas de funcionamento relacional e estrutural com posições bem definidas de sujeitos ou papéis bem delimitados (o diretor de psicodrama, os atores espontâneos, a plateia etc.), as relações sociométricas de atração, neutralidade, rejeição etc.

Algumas coisas ainda predominam em um grupo: as dicotomias interior e exterior, as identidades individuais e grupais, as dicotomias indivíduo-grupo e grupo-sociedade, nós-eles. Um grupo tem grandeza G=1 (o todo do grupo, a unidade individuada, uma multiplicidade subsumida por alguma unidade transcendental, n+1). Um grupo quase sempre entendido como um grande indivíduo com suas fases de desenvolvimento e níveis de organização que se expande por reprodução sexuada e filiações.

Chama-se aqui grupalidade à materialidade produzida entre os elementos presentes, corpos orgânicos e inorgânicos e enunciados; há um fora que é diferente de um exterior, as fronteiras entre dentro e fora são borradas. Sua grandeza é da ordem G<1 (uma multiplicidade é subtraída de um todo, da unidade ou de um centro de comando ou de determinação, uma anarquia coroada, n-1), seu funcionamento faz-se em rede e expande-se por contágio.

---

2. *"A cada ocorrência, é o estupor em torno de Bartleby, como se tivesse ouvido o Indizível ou o Irrebatível. E é o silêncio de Bartleby, como se tivesse dito tudo e de chofre esgotado a linguagem."* Ver em Gilles Deleuze: "Bartleby, ou a fórmula", em *Crítica e clínica*, 1997, p. 82. A respeito de Macunaíma, *"Eu preferiria não..."*.

Mas ainda é preciso colocar as coisas de outro modo, já que não se trata de uma dicotomia e a linguagem escrita ou falada sempre se torna uma adversária nesses momentos: há uma grupalidade em que um grupo se constitui e é por ele sobrecodificada, e outra que foge desse grupo o tempo todo. Uma grupalidade poderá tanto reforçar significações e sentidos já determinados num plano representativo quando capturada por alguma instituição grupal, quanto favorecer a expressão de uma polivocidade e polissemia nas palavras e gestos descolados de uma pessoalidade, de uma individualidade ao fugir dessa mesma instituição.

Uma grupalidade como o elemento que foge da lógica dicotômica, nem A, nem B, nem A+B, termo amorfo, ponto de convergência igual a zero, que burla uma paradigmática explicativa, categorial, determinista, com seus objetos já dados para consumo e intervenção. A quarta pessoa do singular, sem formalização, sem substância, o *it* de Clarice Lispector. Grupalidade-linha tangente, calculada em razão do seu ângulo de desvio de um centro, que encosta no círculo apenas em um ponto e foge de sua circularidade, para além dos senos e cossenos numa sensação de despermanência. Grupalidade-cintilações de branco sobre um fundo branco para fugir de uma Gestalt figura-fundo; na composição do branco estão todas as cores do espectro luminoso. Figuras em sequências sem ordem, conforme se dá sua aparição, inorganizadas pela recusa de dogmatismo que uma grupalidade exige.

Em resumo: grupo e grupalidade são duas faces de um mesmo processo que se enroscam, se torcem sobre si mesmas, formando um anel de Moëbius que não para em seu movimento de vaivém, de uma a outra, nas duas direções. Um grupo captura e/ou sobrecodifica dada grupalidade, e esta cria, reconfigura um campo grupal e seus elementos constitutivos (corpos e enunciados). Uma grupalidade opera por subtração do grupo, desnaturaliza os sentidos dados *a priori*, suas funções e posições predefinidas.

3. PRODUÇÃO DE CENAS POR REPETIÇÃO E REDUÇÃO

Ideia inspirada nas obras do diretor de teatro Carmelo Bene, em que são propositalmente retirados quaisquer elementos que possam caracterizar poder (a história com suas determinações, a estrutura da narrativa linear com suas constantes e invariâncias, a hierarquia de funções dos papéis e personagens, o início e o fim das coisas, o diálogo que transmite os mesmos elementos de poder incorporados às palavras com seus significados já dados e naturalizados). Trata-se de uma operação minoritária em que palavras ainda sem idioma afloram, pedaços de coisas são articulados em novas reconfigurações, colocados em variação contínua... uma nova potencialidade emerge. Tudo se passa pelo meio, onde estão o movimento, a velocidade e a lentidão dos processos de tensionamento dos gestos e das palavras, onde as linhas do tempo se comunicam e bifurcam.

Aqui não importam os conflitos, pois eles já estão normatizados, codificados, institucionalizados, já são produto de determinadas relações de poder vigentes num contexto social. O conflito posto em cena é algo que uma instituição prevê e controla, qualquer que seja ela – o Estado, a Pedagogia, a Psicologia, a Psiquiatria, a Sociologia, a Socionomia... Ricos e pobres, palco e plateia, neuróticos e psicóticos, brancos e negros, homens e mulheres, heterossexuais e homossexuais, professor e aluno, saudáveis e doentes... Dicotomias que massacram a potência dos corpos e geram ressentimento e exclusão.

4. REALIDADE SUPLEMENTAR

Funciona como um plano ou uma geografia molecular: não mais como metáfora psicológica ou social, o que ainda nos remete à falsa dicotomia indivíduo × sociedade, nem somente como técnica socionômica, mas como um plano de experimentação, uma realidade menor, molecular, corpórea, a carne do mundo, informe, não organizada, moldável pelas forças que a atravessam... Menor, no sentido deleuzeano do termo, em contraposição a maior, hegemônico. Realidade menor, não menos verdadeira que a realidade social ou grupal, porém mais porosa, passível de experimentações, atravessada por inúmeros vetores semióticos, perceptivos, gestuais, linguísticos, semiológicos, históricos, econômicos, midiáticos etc.

Entendimento compartilhado com Zerka Moreno em muitos aspectos: a não diferenciação de tempos, a não hierarquização entre realidades conhecidas e desconhecidas, a surpresa e o estranhamento da ação dramática, seu caráter surrealista, a transmutação de valores, a experiência de sair de si (de êxtase) durante a dramatização em que a capacidade de um ego de controlar e distinguir cessa, a incorporação de perspectivas não familiares que podem "pertencer ou a uma parte desconhecida do self, ou a outra pessoa, conhecida ou desconhecida, ou a uma força impessoal" (Zerka Moreno *et al.*, 2001, p. 53). É dessa impessoalidade e estranhamento que a ação criativa e a produção de sentidos se alimentam.

5. PERSONAGEM

Ao longo de um dia em sua vida, um corpo falante qualquer se transforma a cada encontro. A cada tarefa a cumprir na cidade, surge sempre, em sua roupagem característica, uma nova personagem, com seus gestos e falas próprios. Do grotesco ao bizarro, passando pelo *nonsense* e pela impossibilidade de algumas ações. Uma linha de transformação é criada tendo por suporte apenas um corpo de ator, que se mantém em movimentos de expansão e/ou retração ao longo de cada trajeto, de cada empreitada vivida.

Ator que não se mantém o mesmo, embora alguns restos da experiência precedente possam ficar colados ao seu corpo... Após cada tarefa ou ação realizada, resta-lhe um corpo sem história, sem passado, anônimo, nu e frágil que o transporta para vários locais (*locus*), numa impressionante capacidade de metamorfoses futuras, engendradas nas linhas geradas nos encontros por vir (*matrix*), em sua potência de transformação e desestabilização das formas já instituídas a cada nova aparição que realiza (*status nascendi*).

Cada personagem é o efeito de vários agenciamentos concretos, performativos, recebido de antemão e que se conecta a muitos outros durante suas ações. A aparição de uma nova personagem implica a desaparição ou involução prévia da anterior. Não é tanto a caracteriologia final dessas personagens que conta, mas certa ação de desnudamento, de esvaziamento das prerrogativas e uniformes sociais aos quais se conectam no cotidiano. A criação de uma personagem é sempre um efeito de passagem de um contexto a outro e até mesmo entre microcontextos, uma abertura a outros mundos, ao que está por vir, aos encontros que ocorrem ao longo de um percurso, máscaras sem rosto. Não há nenhum EU supostamente verdadeiro por detrás das máscaras...[3]

6. CARNAVALIZAÇÃO COMO ESTRATÉGIA SOCIONÔMICA DE COORDENAÇÃO GRUPAL

Um socionomista faz-se um arquiteto de construções tipo carros alegóricos de carnaval, criados durante meses de trabalho árduo apenas para um único enredo de poucos minutos, que perdem sua função na Quarta-feira de Cinzas. Construções evanescentes que são desmanchadas tão logo termine o desfile e têm seus materiais constitutivos reaproveitados para novos enredos. A carnavalização é antes de tudo uma ação política, pois, ao criar um espetáculo sem ribalta e sem divisão entre atores e espectadores, confere a todos o *status* de participantes ativos de uma ação, de acordo com a conceituação feita por Mikhail Bakhtin (2010) ao estudar tal fenômeno social e histórico em sua complexidade e amplitude e sua influência na literatura e, mais precisamente, na obra de Dostoiévski.

> Não se contempla e, em termos rigorosos, nem se representa o carnaval, mas vive-se nele, e vive-se conforme as suas leis enquanto estas vigoram, ou

3. Essa conceituação de personagem foi inspirada no filme *Holy motors*, de Leon Carax, na crônica jornalística de Eliane Brum sobre esse mesmo filme e nas definições de Alfredo Naffah Neto de máscaras e personagens.

> seja, vive-se uma vida carnavalesca. Esta é uma vida desviada da sua ordem habitual, em certo sentido uma "vida às avessas", um "mundo invertido". (Bakhtin, 2010, p. 140)

Ora, essa não é a proposta moreniana? Uma inversão de valores e/ou sua transmutação que a própria Zerka defende ao definir a realidade suplementar. Uma cena como microcosmos, meio e paisagem onde um socionomista está situado, e não como uma metáfora de certa realidade social maior ou hegemônica com um socionomista exterior a ela. O corpo de um socionomista está dentro da cena, é mais uma personagem, e seus valores de mundo impregnam suas ações de intervenção. Aliás, são tais ações – derivadas de investimentos de desejo em certos horizontes de valores a partir dos quais se leem os fenômenos que o circundam – que o fazem criar a si e ao mundo ao redor. Tão somente processos de subjetivação e de objetivação.

Sujeitos e objetos não antecedem as ações dramáticas, produzem-se ao mesmo tempo que elas... A "mentira" da realidade suplementar contida nas cenas transforma os valores hegemônicos de uma realidade supostamente mais verdadeira, molar... um sonho que se materializa e transforma... Uma clínica em que a criação de novos modos de vida seja um horizonte ético e promova encontros, desviada das hierarquias sociais instituídas, das relações sujeito-objeto, médico-paciente, professor-aluno, terapeuta-cliente, com suas posições de saber e poder já cristalizadas, livre do medo, das reverências e das etiquetas que tais sistemas sociais impõem nas subjetividades por meio dos poderes vigentes, desviada de valores naturalizados que delimitam a vida e circunscrevem os afetos mundanos ao impedir o contágio entre os corpos. O contágio e a generosidade nas relações coletivas e não a troca. A troca ainda é por demais capitalística... A troca instaura a dívida, a falta, o ressentimento... A generosidade expande as possibilidades...

Uma clínica sociônomica carnavalizada constitui-se numa ex-centricidade, "uma categoria específica da cosmovisão carnavalesca"

(Bakhtin, 2010, p. 140), fora de um centro que a tudo codifica, quer seja um EU, um *logos*, um sujeito ou uma racionalidade. Clínica--excêntrica, no sentido de subversão, de profanação dos centros de saber e de poder que capturam o estranhamento que as diferenças provocam nos encontros e refletem no mundo seus próprios valores, a produzir somente espelhos e paisagens familiares, num eterno retorno do mesmo e do igual ao promover o recalque das diferenças e o que elas podem trazer de mudanças, de brechas e fissuras nos processos de subjetivação em jogo no campo social.

Trazer a rua ou a praça pública, o *locus* carnavalesco, para dentro do consultório ou dos espaços públicos onde a clínica acontece, com seus desfiles de tipos, de máscaras, de alegorias. Fazer da clínica uma passarela de personagens carnavalescas com seus ritmos e compassos, "relacionadas com a força produtora da terra e do corpo", "a festa do tempo que tudo destrói e tudo renova", com sua "ação de coroação e destronamento", com seu "riso ambivalente" e seus "duplos destronantes" (Bakhtin, ibidem, p. 141-46) de um mundo às avessas.

7. Suicídio

Possivelmente apareceu no contexto dramático pela grande ênfase dada pela mídia na semana anterior a esse trabalho à queda de um avião em razão do suposto ato de seu copiloto, numa espetacularização desse gesto. Vetor midiático que atravessa e também constitui as subjetividades presentes e encontra zonas de ressonância comuns (durante o compartilhar, pergunta--se aos presentes quem nunca pensara em suicídio e somente alguns erguem as mãos).

Ao entender a vida como uma categoria ética e política, antes de ser uma categoria médica ou biológica, Márcia Tiburi (2015) analisa o suicídio de Virginia Woolf e o atual momento político nacional com as tendências fascistas que o atravessam. Refere que a figura do fascista não sente a angústia, pois a morte para ele não é uma alternativa. Ele não morre simbolicamente como acontece às pessoas em geral algumas vezes na vida. O fascista não morre porque não pode morrer, pois, como confirma sua rigidez, ele já está morto.

Segue a autora dizendo que a vida implica a potência para a relação simbólica com o outro e o reconhecimento de sua diferença. Aquele que não reconhece a alteridade está politicamente morto; o outro não passa, no regime do fascista, de "tudo que não presta" e deve ser eliminado.

> O cadáver é a objetificação total. Nele não há mais chance de estabelecer relação com o outro. Há cadáveres vestidos de morto fingindo estar vivos. De paletó e gravata eles dão as regras do jogo – sempre político – dos outros que, juntos, permanecem vivos. O cadáver veste a fantasia do político profissional e sobe ao palco espetacular dos meios de comunicação. Ali ele lança seu vômito apodrecido contra a dança da vida que é a dionisíaca dança da diferença.

Pensar a morte e nossa relação com a angústia é combater certo fascismo que atravessa as subjetividades contemporâneas (o fascista-em-nós), evitando-se assim uma passagem ao ato propriamente dito de matar a si e/ou aos outros e possibilitando que a dança dionisíaca da vida possa sair em procissão carnavalizada carregando os cadáveres objetificados do fascismo, cena catártica, estranho desejo de vida que apenas a realidade suplementar pode oferecer.

Um frequentador[4] dos atos socionômicos assim se expressa a respeito desse trabalho:

> [...] Fiquei pensando nos suicídios metafóricos que nos atravessam, o que são esses suicídios, que procissão é essa de corpos mortos, parece uma descida aos infernos... A morte ceifando um modelo de vida, assim não dá mais para se viver, muita coisa tem que morrer!!!

---

4. Agradeço a Diego Pereira, que generosamente autorizou a publicação de sua compreensão do trabalho em questão.

De novo encontra-se Zerka Moreno ao dizer que o protagonista para Moreno no palco psicodramático também passava por uma "viagem" dionisíaca:

> Essa viagem é, acima de tudo, caracterizada pela humilhação, pela vergonha e pela morte, numa terra de horror e medo; ele enfrenta sozinho uma situação de perigo. É um encontro solitário com a morte. A morte, aqui, é considerada no sentido de "a vida não pode continuar dessa forma". O *status quo* vai-se quando Dioniso surge. (Moreno, 2001, p. 130)

Talvez certos estilos de vida que estão sendo construídos na contemporaneidade brasileira precisem morrer para que algo novo possa nascer e outras possibilidades de existência apareçam. O contrário da morte não é a vida, é o nascimento... Uma vida não tem contrários e a socionomia ainda tem muito a nos oferecer.

REFERÊNCIAS BIBLIOGRÁFICAS

Artaud, A. *Heliogábalo ou o anarquista coroado.* Lisboa: Assírio & Alvim, 1991.

Bakhtin, M. *Problemas da poética de Dostoiévski.* Trad. Paulo Bezerra. 5. ed. Rio de Janeiro: Forense Universitária, 2010.

Brum, E. "Máscara sem rosto", 3 dez. 2012. Disponível em: <http://revistaepoca.globo.com/Sociedade/eliane-brum/noticia/2012/12/mascara-sem-rosto.html>. Acesso em: 2 abr. 2015.

Dedomenico, A. M. *Grupalidade: um corte transversal na clínica.* Dissertação (Mestrado em Psicologia Clínica) – Núcleo de Estudos da Subjetividade, Pontifícia Universidade Católica de São Paulo, São Paulo, 2013.

Deleuze, G. *Crítica e clínica.* Trad. Peter Pál Pelbart. São Paulo: Ed. 34, 1997.

______. *Sobre o teatro.* Rio de Janeiro: Jorge Zahar, 2010.

Holy Motors. Direção: Leos Carax. Alemanha/França, 2012. 115 min.

Moreno, Z.; Blomkvist, L. D.; Rützel, T. *A realidade suplementar e a arte de curar*. São Paulo: Ágora, 2001.

Naffah Neto, A. *A psicoterapia em busca de Dioniso: Nietzsche visita Freud*. São Paulo: Educ; Escuta, 1994.

Tiburi, M. "Em nome da angústia: uma meditação sobre a morte". *Blog da Márcia Tiburi*. Disponível em: <http://revistacult.uol.com.br/home/2015/04/em-nome-da-angustia-uma-meditacao-sobre-a-morte/>. Acesso em: 7 abr. 2015.

11. Cenas, diálogos e caminhos de esperança

Georgia Vassimon

Escrever sobre o psicodrama em espaços públicos remeteu-me às minhas próprias experiências, vividas nestes quase 30 anos de trabalho com o psicodrama socioeducativo.

Faço uma brincadeira comigo mesma quando me convidam para fazer algum trabalho num espaço novo. Pergunto: "Tem gente? Então eu vou". E assim se foram e se vão trabalhos realizados em hospitais, unidades de saúde, escolas, abrigos, creches, praças, cidades, debaixo da ponte, no parque, em escolas de governo, secretarias, enfim, na vida que flui. Trazem muitas cenas, emoções e sentires íntimos.

Fiquei pensando no que escolher para compartilhar. Se a cena mais bacana, a mais temida, a mais forte ou a menos... Resolvi trazer as mais marcadas na lembrança: as histórias que conto. E, como qualquer história que se conta, pode ser que se aumente um ponto, conforme o dito "Quem conta um conto aumenta um ponto". Como não sou diferente de ninguém...

No papel de diretora de psicodrama, muitas vezes precisei abrir mão das certezas, das expectativas, dos temas para olhar ao grupo e estar aqui e agora.

ESPAÇOS QUE CONVIDAM À EXPRESSÃO

Um questionamento sempre surge: como criar espaços para que as relações ocorram de forma menos autoritária, com menor controle e obediência, ampliando a possibilidade de acordos, cooperação, reflexão e compreensão entre as pessoas? Não que tudo tenha de ser harmônico, mas que neles caibam as múltiplas vozes.

No início do encontro, preparamos o campo social do trabalho, o campo que congrega todos os outros. O primeiro campo, a relação dual de profundo afeto e cuidado (relação com a mãe). O segundo campo, a relação com um maior número de pessoas (na família), em que o limite de cada um vai aos poucos sendo percebido, gerando maior liberdade de ir e vir e a discriminação de si e do outro. O terceiro campo, o da cidadania, da maturidade. Habitar o social e poder viver diferentes relações com dinâmicas distintas, sem rigidez. Todas essas diversas características presentes num único campo.

> Pensamos que todas as experiências que nós seres humanos vivemos, em toda circunstância e qualquer que seja o nome que lhe damos, ocorrem-nos como aspectos de nosso viver humano no fluir de nosso viver biológico; pensamos também que é por isso que podem ser cultivadas e expandidas, dando origem a diferentes modos de viver e conviver em espaços culturais que chamamos de místicos, religiosos, filosóficos, científicos ou artísticos. (Dávila e Maturana, 2009, p. 63)

No sentido que Dávila e Maturana colocam, falo do meu espaço cultural como educadora e psicodramatista, carregado das minhas genuínas experiências, nem boas nem más. Falo desse lugar e me arrisco a falar no coletivo, por fazer parte de alguns lugares comuns aos outros.

Como gosto de literatura e das palavras, vou fazer o texto dialogando com o livro *E se Obama fosse africano?*, de Mia Couto, autor moçambicano, que também adora as palavras e usa metáforas lindas. Percebo que as metáforas ajudam o diretor de psicodrama, elas concretizam as ideias. No livro citado, Couto (2011, p. 13) escreve uma frase sobre os autores africanos e seus lugares de origem, o que me remete aos seres humanos com quem trabalhamos todos os dias: "Os autores africanos [...] moram na periferia, lá onde a palavra tem de lutar para não ser silêncio".

Penso que lutamos para que nossa palavra e nós mesmos não sejamos silêncio em nosso viver diário.

COMO OUVIR AS VOZES QUE ESTÃO SILENCIADAS?

Elas aparecem de formas inusitadas: no jornal aberto por um médico no início do trabalho com 50 profissionais da saúde ou por meio dos desenhos feitos em uma unidade penal, representada com muros lindos, pintados com arco-íris como nas escolas de bairro. Ou como roupas que caem no palco, atiradas por um participante do psicodrama público no Centro Cultural.

O que dizem essas atitudes? Onde nos colocam como diretores de psicodrama diante do grupo?

Continuo a dialogar com Mia Couto (ibidem, p. 11):

> [...] uma mulher, em fase terminal de doença, pede ao marido que lhe conte uma história para apaziguar as insuportáveis dores. Mal ele inicia a narração, ela o faz parar:
>
> — Não, assim não. Eu quero que me fale numa língua desconhecida.
>
> — Desconhecida? — pergunta ele.
>
> — Uma língua que não exista. Que eu preciso tanto de não compreender nada!

Fico pensando que se abrimos mão e vivemos o vivo, o que está acontecendo, sem julgar, sem interpretar, lidando com o que surge, isso nos põe no aqui e agora, ou seja, no vivo da vida, cada um percebendo e sentindo o que está sendo experimentado. Talvez como a personagem do fragmento acima, que queria não compreender nada.

Assim como o marido dela, nos interrogaríamos: como poder falar uma língua que não existe? E, como ele, começaríamos a balbuciar palavras estranhas, nos sentindo ridículos porém ficando mais à vontade. E, quando menos esperamos, o campo tenso fica relaxado, as palavras saem espontaneamente e a esposa consegue dormir com o rosto relaxado.

NECESSIDADE DE PREPARAÇÃO DO DIRETOR DE PSICODRAMA

Para dirigir psicodrama em espaços públicos é preciso estar aberto ao vivo, lidar com sua história, suas marcas, seus pré-conceitos, cuidar de sua postura corporal, dos seus sentimentos; o medo de se relacionar que às vezes se traduz em arrogância, em "bom-mocismo", em distanciamento, em sedução; o tom de voz, os gestos revelam sua atitude diante da real inclusão.

Muitas ações facilitam, permitem que eu fique em campo relaxado. Quando consigo, gosto de ver o espaço onde vou trabalhar. Isso me ajuda a imaginar possibilidades. Mas nem sempre é possível.

Pergunto-me se faz diferença trabalhar no púlpito da igreja, na praça ou na escola. Sim e não. Sim, porque todos os lugares têm história e nos colocam em sentires diferentes. Não, porque trabalhamos com pessoas, tanto faz onde.

> As culturas sobrevivem enquanto se mantêm produtivas, enquanto são sujeitos de mudança e elas próprias dialogam e se mestiçam com outras culturas. As línguas e as culturas fazem como criaturas: trocam genes e inventam simbioses como resposta aos desafios do tempo e do ambiente. (Couto, 2011, p. 16)

Espaços públicos constituem um universo enorme. Então vou me deter aos grupos abertos e de um ato só, porque eles nos colocam, ou melhor, me colocam em situação parecida com a do "marido" do texto de Mia Couto, falando uma língua desconhecida e precisando me tornar mais espontânea.

> Mas a força para superarmos nossa condição histórica também reside dentro de nós. Saberemos, como já soubemos antes, reconquistar a certeza de que somos produtores de destino. Teremos mais e mais orgulho em ser o que somos: moçambicanos construtores de tempo e de um lugar onde nascemos todos os dias. (Couto, 2011, p. 47)

PARA QUE SE EXPRESSAR?

Como em Moçambique, nós, seres humanos, precisamos reconquistar a certeza de que somos produtores de um destino, construtores de um tempo e de um lugar, no aqui e agora.

Em muitos trabalhos, essa força surge das pessoas e elas dialogam de outro lugar. Lembro-me de uma seção no Centro Cultural, das primeiras que dirigi.

Trabalhamos o aquecimento com fotos feitas por crianças e adolescentes em situação de rua que frequentavam um centro de referência onde eu também trabalhava. Espalhadas no chão, foi pedido que todos as olhassem como uma exposição e se aproximassem da que mais gostassem. O que ocorreu é que alguns grupos foram formados e as pessoas que não se agruparam pela fotografia escolhida se agruparam por terem escolhido a foto sozinhas.

Todos os pequenos grupos compartilharam as impressões e o que reverberou dentro de cada um e do coletivo. Ao circular pelos grupos, um diálogo entre dois participantes ficou forte na minha cabeça:

– Como podem querer viver na rua?

– Não sei se querem.

– Acho que gostam.

– Nem sempre têm opção.

– É mais fácil.

– Eu moro na rua e não acho fácil.

– Nunca imaginei conversar com alguém que mora na rua.

> Quando nasceu a agricultura, ganhamos o sentido do lugar. A partir de então, fomos dando nomes aos sítios, adocicamos o chão. Entre a paisagem e a humanidade criaram-se laços de parentesco. (Couto, 2011, p. 73)

Na atividade seguinte, foi solicitado que as pessoas criassem em seus grupos as cenas que gostariam de ver. Cada grupo fez a sua cena. Fotografamos com polaroide para poder conversar sobre a nova imagem. Compartilhamos, assim, o vivido.

Esse momento do trabalho de um único dia é fundamental, pois é a hora de trazer as vozes de todos e ampliar o espaço interno de cada um, seja porque leva uma lição de casa, porque teve um *insight* ou porque ficou incomodado com alguma fala. Enfim, compartilha-se o vivido, levando-se em conta cada um e todos ao mesmo tempo.

Humberto Maturana, em suas aulas, coloca uma ideia que me é cara: há tantas verdades quanto seres humanos. Precisamos expressá-las de alguma forma para que possamos nos conectar, ou escolher nos desconectar uns dos outros, ou, ainda, estar conectados às vezes. Mas precisamos nos dar conta e fazer escolhas mais próximas de nós mesmos. Essa é a grande importância do compartilhar, deixar as vozes aparecerem.

> O que nos faz pessoas é o modo como pensamos, como sonhamos, como somos outros. Estamos, enfim, falando de cidadania, da possibilidade de sermos únicos e irrepetíveis, da habilidade de sermos felizes. (Couto, ibidem, p. 84)

OUTRAS IMAGENS, OUTROS ESPAÇOS...

Fui observar um trabalho de um grupo que formei e supervisionei. Foi realizado num hospital, com colaboradores, no intuito de humanizar a saúde pública.

O nome dado à atividade foi "A obra que me escolhe". Nela, usamos quadros de pintores brasileiros e os grupos foram trazendo o que a obra representava para cada um:

- Grupo 1: mulher guerreira, batalhadora, Brasil, São Paulo, identificação.
- Grupo 2: praia, tranquilidade, infância, compartilhar com os filhos, paz de espírito.
- Grupo 3: lembranças, janela para abrir, olhar para dentro e para fora.
- Grupo 4: visão, escadas, preto e branco, conjunto, contato, inspiração.
- Grupo 5: diálogo, afeto, buscando afeto, amor.

Fazer parte de um grupo é tarefa diária, cotidiana e trabalhosa. Estamos o tempo todo entrando em contato com o outro e aprendendo sobre ele e sobre nós mesmos. Conhecê-los e nos conhecermos, compreender as relações humanas, seus movimentos e estagnações, suas facilidades, dificuldades e contradições. A cada novo grupo, tudo de novo e de conhecido ao mesmo tempo.

De observadores, passamos a observados (por nós mesmos). Mas o que vemos?

> O momento de reflexão diante do espelho é sempre muito peculiar, porque nele podemos tomar consciência do que, sobre nós mesmos, não é possível ver de nenhuma outra maneira. [...] A reflexão é um processo de conhecer como conhecemos, um ato de voltar a nós mesmos, a única oportunidade que temos de descobrir nossas cegueiras e reconhecer que as certezas e os conhecimentos dos outros são, respectivamente, tão aflitivos e tão tênues quanto os nossos. (Maturana e Varela, 2007, p. 29-30)

A dinâmica que se instaura no grupo reflete a maneira como nos relacionamos e nos conscientiza dela. Nossas preferências, divergências, alegrias, prazeres, angústias são velados e revelados nas relações que vão ocorrendo. Nesse processo vamos ampliando, modificando ou até mesmo reduzindo nossa capacidade de acolher os outros tão iguais e tão diferentes de nós.

Olhar com cuidado, como quem garimpa, para as instituições, para nossa forma de agir e para as linguagens, nos revela como vivemos todas essas instâncias: em grupo, desde que nascemos. Temos a família como grupo primordial e somamos todos os outros. A cada grupo novo, *insights* vão acontecendo, transformando nossas relações, permitindo que as questões, as percepções e experiências se ampliem.

> Deste modo, estendem-se ante nossos olhos, sobre o cenário do universo social, milhões de grupos sociais, famílias, escolas, fábricas, igrejas, nações; nós mesmos somos os atores que representam sobre este cenário, como que arrastados por cega necessidade, sem pausa e sem término, criamos e recriamos novos conjuntos sociais quando os antigos preencheram seu tempo. (Moreno, 1972, p. 208)

IMAGENS CONSTRUÍDAS, DESENHADAS...

Rememoro um encontro que tive com educadores que atendem crianças e adolescentes em situação de rua e/ou risco social no centro de São Paulo. Ao término de uma das etapas do trabalho, foi pedido que desenhassem num tecido: o que estão levando dos nossos encontros?

Cada desenho ganhou um título:

1. Ver outras cores
2. Luz ainda
3. Morte e renascimento
4. Suave momento, chuva, flor
5. Círculo, movimento, interno
6. Fogo, momento de energia, aquecimento

Panô de retalhos, sentimentos e emoções expressos em desenho

Foi construído, com os desenhos e fitas, um panô para expressar sentimentos e emoções no coletivo. Isso faz que o grupo se fortaleça e se possa lidar melhor com as questões do dia a dia, tanto as do grupo como as de crianças e adolescentes com quem se trabalha.

A proposta desses educadores para com eles é realizar atividades que possam contribuir para maior valorização da vida, solidariedade, crescimento pessoal e novas perspectivas de futuro, acreditando-se que a inserção dos adolescentes nesses locais permite o reconhecimento de pertença, respeito, cidadania, valorização da história e prevenção da violência.

O trabalho com psicodrama socioeducativo é preferencialmente realizado em grupo, ou considerando o grupo um dos principais focos. Somos nós e as nossas circunstâncias. No entrelaçar das narrativas nos revelamos.

ESPAÇOS PÚBLICOS QUE PERMITEM ENCONTROS DE GRUPO

Todos os espaços públicos que produzem encontros de pessoas nos convidam a dar conta do que geramos em nosso fazer no mundo, quais escolhas de vida estamos fazendo, quais cenas, diálogos, histórias. Como nos expressamos e para quê. Como nos silenciamos, estamos preparados para esses encontros, para esses espaços. Corramos esse delicioso risco da convivência em grupo, como rios que fluem e deságuam num único oceano.

> Acredito, porém, que os rios que percorrem o imaginário do meu país cruzam territórios universais e desembocam na alma do mundo. E nas margens de todos esses rios há gente teimosamente inscrevendo na pedra os minúsculos sinais de esperança. (Couto, 2011, p. 8-9)

REFERÊNCIAS BIBLIOGRÁFICAS

Couto, M. *E se Obama fosse africano? e outras interinvenções*. São Paulo: Companhia das Letras, 2011.

Dávila, X.; Maturana, H. R. *Habitar humano - Em seis ensaios de biologia-cultural*. Trad. Edson Araújo Cabral. São Paulo: Palas Athena, 2009.

Maturana, H. R.; Varela, F. J. *A árvore do conhecimento*. Trad. Humberto Mariotti e Lia Diskin. São Paulo: Palas Athena, 2007.

Moreno, J. L. *Fundamentos de la sociometría*. Buenos Aires: Paidós, 1972.

12. Reconectando com as raízes ancestrais: psicodrama transgeracional no Brasil*

Leandra Perrotta

"Almas dos meus antepassados são
sustentadas pela atmosfera de minha casa, uma vez
que eu respondo a eles perguntas de suas vidas
que foram deixadas para trás. Eu esculpo respostas
de forma rude, com o melhor que posso.
E, de fato, tenho esculpido em paredes.
É como se um silêncio, de uma grande família,
se estendesse ao longo dos séculos fossem povoar a casa".
(C. G. Jung, 1961, p. 237)

INTRODUÇÃO

Seguindo a tradição do psicodrama público de J. L. Moreno nos Estados Unidos, tornou-se há muito tempo um hábito estabelecido realizar sessões abertas de psicodrama também em Torino, na Itália. Na primeira quinta-feira de cada mês, a Associação Mediterrânea de Psicodrama costuma receber, na casa de Jung[1], um público que varia de dez a 50 pessoas nas sessões de psicodrama em sonhos ou transmissão transgeracional.

Em agosto de 2013, fui convidada a dirigir uma sessão pública de psicodrama transgeracional em São Paulo, Brasil. A perspec-

* Capítulo traduzido por Regina Leandro Tavernier.

1. Clinical Centre of Applied Research and Psychodrama, em Torino, Itália.

tiva de trabalhar em um país que havia recebido um grande número de imigrantes italianos no final do século XIX era muito excitante. O pico da diáspora, a imigração italiana em grande escala que se deu entre 1870 e 1920, ocorreu em um momento em que a Itália sofria de uma forte crise econômica, devido à sua recente unificação.

Os trabalhadores rurais italianos viviam uma situação de extrema miséria. A onda migratória havia permitido ao Brasil a diversificação da agricultura, o estímulo do aumento da urbanização, o reforço do crescimento econômico e da industrialização.

Demógrafos atuais estimam grosseiramente que cerca de 25 milhões de pessoas oriundas da Itália ou de descendência italiana vivem no Brasil. Cerca de 10 milhões de imigrantes italianos vivem em São Paulo, tornando essa cidade a maior comunidade italiana fora da Itália[2]. A ideia de trabalhar com o psicodrama transgeracional em uma terra cuja história está tão fortemente interligada à do meu próprio país ressoou dentro de mim e me tocou profundamente.

PSICODRAMA TRANSGERACIONAL

Em seu trabalho pioneiro sobre a transmissão transgeracional, Anne Ancelin Schützenberger (1998, p. 202) postula que, "como meros elos de uma cadeia de gerações, podemos não ter escolha na ocorrência de eventos e traumas vividos por nossos antepassados, e que estes possam nos visitar em nossa própria linha do tempo".

O quadro ritualístico do psicodrama transgeracional é protetor e cria um espaço seguro para reunir e concentrar-se nas memórias, nos sonhos ou nas relações com os antepassados que

2. Conferir http://www.italplanet.it/, site italiano de promoção de mídia e comércio internacional entre a Itália e outros países.

emergem do coinconsciente (Moreno, 1961) do grupo. Os protagonistas são parte de uma realidade mítica com significado universal e imprimem as imagens que constituem o emergente grupal, contendo significados das mensagens surgidas para todo o grupo (Perrotta, 2009).

Os rituais têm o poder não só de sacramentar o tempo e o espaço, mas também os vínculos entre as pessoas. Rituais transformadores de reparação, gratidão, restituição, perdão e revelação de segredos, homenagem aos antepassados e a *incubação dos sonhos* – derivado do psicodrama junguiano (Gasseau e Perrotta, 2012) – são parte integrante da experiência psicodramática.

O psicodrama transgeracional é um poderoso meio de esclarecer os padrões invisíveis da lealdade e dos *scripts* escondidos, trazendo luz sobre a reiteração do comportamento disfuncional. A reencenação dos segredos dos antepassados, de traumas não resolvidos e situações não finalizadas, condensados em imagens no palco, permite aos protagonistas interromper a identificação inconsciente com eles, para que se quebrem os ciclos dolorosos de repetição, lidando com legados pendentes e curando feridas emocionais.

Psicodrama transgeracional é um cenário de reparação e renovação criativa. É um caminho privilegiado para trabalhar por meio de novos significados, criando um espaço seguro para a metacognição e o pensamento reflexivo. A experiência de ressignificação cognitiva e emocional redefine a matriz transpessoal da família interna e facilita a diferenciação de compromissos transgeracionais.

SESSÃO DE PSICODRAMA PÚBLICO

Em uma manhã quente de inverno na cidade de São Paulo, cerca de 70 pessoas se reuniram para assistir à sessão pública de psicodrama transgeracional. E, como rituais são uma estrutura de proteção para a vivência, iniciei a sessão com um ritual solene para homenagear os antepassados. Coloquei-me no papel de um contador de histórias e comecei a contar a do Dogon na África Ocidental, um povo antigo que afirma ser o canal entre o céu e a terra. No final da tarde, quando o sol desaparece lentamente ao longo do horizonte, Dogon realiza uma cerimônia de adivinhação. O vidente desenha símbolos e sinais misteriosos nas areias de cor ocre da aldeia e entoa cânticos invocando a raposa Yurugo, um espírito ancestral que tem o dom da adivinhação e da profecia. Com sua passagem, a raposa traça um enigmático caminho através de marcas sagradas que permite ao Dogon reforçar a harmonia entre seu povo e, espiritualmente, conectar-se a seus ancestrais.

Nós reafirmamos esse poderoso ritual com uma coreografia significativa de gestos naturais, uma evocação primitiva de "Kumbale" sincronizada com o ritmo de nossos corpos. O grupo move-se em conjunto em uma atmosfera de transe e nos tornamos adivinhos, escrevendo na areia nossas perguntas e invocando os antepassados para que nos iluminem com a sua sabedoria.

Conforme nossos movimentos e cânticos se sincronizam com as mãos que apontam para o céu no momento do pôr do sol, o grupo se envolve num profundo sono psicodramático esperando a raposa aparecer. O personagem Yurugo – a raposa –, vivido por um membro do grupo, realiza uma dança em meio às perguntas feitas pelo povo da terra. Quando o sol nasce, as pessoas acordam e são convidadas a ler as respostas deixadas pelas pegadas da raposa.

As pessoas ansiosamente ofereceram respostas de sabedoria, uma vez que elas haviam solenemente consultado o oráculo: "Eu estou aqui, eu sou a grande mãe", "Estamos todos juntos, somos um", "Os antepassados estarão felizes se vocês também estão", "Dê a si mesmo a alegria", "Cuidem de suas raízes", "Seja livre, espontâneo e criativo", "Tenha confiança, nós estamos aqui", "Não se esqueça". Um *frisson* de excitação vindo do grupo pôde ser sentido. O objetivo desse ritual era permitir que a criatividade fluísse para construir a matriz do grupo, comunicando mensagens profundas, e criar um espaço sagrado em que os antepassados pudessem ser encontrados.

Quando se trabalha com grandes grupos, é essencial criar um espaço seguro, especialmente quando se está lidando com questões transgeracionais. Rituais de confidencialidade validam e protegem a autoexposição, além de garantir o respeito para com assuntos confiados aos participantes. Incentivei o grupo a ficar próximo, para que pudessem criar um bom contexto psicodramático, dedos entrelaçados figurando um continente para o coinconsciente grupal. O ritual foi reforçado por meio da introdução de cada membro da tribo; nomes ecoavam profundamente e um mantra era repetido por todos os iniciados na cerimônia em que era prometida a confidencialidade. Para reforçar ainda mais o estabelecimento de confiança e conexão e ativar um aquecimento específico, realizamos um ritual arquetípico. Os participantes foram em busca de sua *anima*, fonte de criatividade e capacidade, uma ponte em direção ao mundo dos sonhos em forma de energia ancestral (Jung, 1969).

A *anima* ajuda a facilitar um encontro transgeracional, canalizando a energia arquetípica e permitindo à pessoa conectar-se ao legado positivo dos seus antepassados. Os membros do grupo escolhem seus pares, uma forma eficaz de experimentar uma relação segura com alguém em um grande grupo. A música nostálgica que escolhi para acompanhar a dança evoca emoções e aciona a *anima* nos participantes, olhos delicadamente fechados em busca de uma jornada espiritual, uma busca introspectiva e emocionada dos valores e recursos de seus ancestrais.

O encontro com a *anima* excita os membros do grupo e os aquece para executar o ritual sugestivo de Asclépio, deus da medicina antiga, chamado de incubação dos sonhos. O grupo, metamorfoseado em peregrinos, com os pés conectados à terra e seus corações ao céu. Eles caminham, olhando através dos olhos de seu inconsciente para a sabedoria de cura em um sonho transgeracional. Os sedentos de sonho são movidos ao longo dos caminhos labirínticos do mundo onírico, o mítico som do gongo tibetano acompanha a jornada. Minha voz, guiando-os através de uma imaginação ativa, sugere imagens do sonho. Eles foram incentivados a se lembrar do enredo, da paisagem, dos personagens e das emoções de seus sonhos. Os sonhadores reconectados com sua *anima* compartilham seus sonhos. Em agradecimento à *anima*, sugiro que eles expressem, um para o outro do grupo, com um gesto não verbal, sua gratidão.

Estávamo-nos preparando para entrar na vivência do psicodrama transgeracional. Para tornar o ambiente mais íntimo em um grupo tão grande, decidi usar a técnica do aquário. Doze cadeiras foram colocadas em um círculo interno cercado pelo resto do grupo, que estava sentado em um círculo exterior maior. Esse arranjo foi projetado para criar um círculo de energia, um ambiente seguro e protetor no qual um grande grupo poderia mais facilmente explorar questões delicadas e pessoais.

Invoquei 12 peregrinos que quisessem explorar seus sonhos e investigar sua relação com os antepassados, e solicitei que ocupassem um lugar no círculo interno das cadeiras. Os espectadores do círculo externo seriam guardiães da experiência dos peregrinos. A tarefa específica de vigiar e proteger esse círculo foi percebida por eles como um grande apoio.

Quando as cadeiras já estavam no lugar, incentivei alguém a dar o primeiro passo e compartilhar o sonho que havia tido durante o ritual de incubação de sonhos. Meu objetivo era facilitar o encontro psicodramático com um antepassado para lidar com situações e questões não resolvidas. Depois de apenas um momento de hesitação, G[3] timidamente levantou a mão.

---

3. Substituições equivalentes e outras pequenas alterações foram feitas na apresentação deste psicodrama a fim de proteger a identidade do protagonista.

O SONHO DE G

"Eu estou na praia, no Porto de Santos, em São Paulo, e vejo um velho navio chegar. Ele está repleto de imigrantes italianos, mas muitas línguas diferentes também estão sendo faladas. Meus bisavós estão nesse navio. Eles fugiram de sua casa na Itália, devido à extrema pobreza do seu país. Posso sentir a expressão de dor e de desespero em seus rostos, como eles seguram as malas contendo os únicos pertences que ainda têm no mundo.

Eu observo a mão protetora de meu bisavô deslizando sobre os ombros de sua esposa, e vejo o olhar terno de minha bisavó quando olha para sua filha mais nova, minha avó, cuja mão ela está segurando. Juntos, eles estão na alta proa do navio, olhando para o país em cujo solo em breve colocarão os pés, mas seus corações ainda estão em sua terra mãe. Meu corpo treme como se eu sentisse o medo, a tristeza e a nostalgia deles."

A narrativa de G estava repleta de ecos transgeracionais (Perrotta, 2011) e sobrecarregada de *scripts* dolorosos, nostalgia e perda. G cresceu em São Paulo, em uma típica família que inclui uma mistura de raças e de legados. A formação de sua identidade foi primorosamente conectada à sua busca por um sentido integrado de fidelidades, alianças e lealdade.

A etimologia da nostalgia é de fato uma referência explícita ao doloroso esforço de conciliar as dimensões culturais conflitantes na dinâmica da construção da identidade; *nostos* significa "retorno" e *algia* significa "dor". Como consequência da perda vivida por seus antepassados, G sentiu-se privada da sensação de segurança, conectividade e pertencimento que uma mãe pátria pode proporcionar (Winnicott, 1971).

Como Ancelin Schützenberger (1998, p. 34) escreve de forma tão eloquente, "as pessoas da segunda e particularmente da terceira geração já não sabem onde sua lealdade familiar está, nem o que fazer, nem ao que elas pertencem".

Ao preparar o palco para o sonho, G estava em São Paulo, mas olhou para fora em direção ao oceano Atlântico, às mulheres representando as águas profundas que, ao separar os ancestrais nativos de terras brasileiras, transmitiam uma sensação de tremor aos seus corpos. A dor foi palpável por meio dos egos-auxiliares, cada um ligado a suas próprias narrativas pessoais de imigração e sensação de perda. A palavra "saudade" assumiu a moeda emocional corrente de um mantra e as mulheres que jogavam o papel de oceano libertaram suas vozes e expressaram sua nostalgia melancólica cantando àqueles perdidos para sempre.

Convidei G para atuar no papel inverso com seus antepassados. Seu bisavô manifestou um sentimento de alienação e medo com relação à vida de sua família quando pôs os pés em terra brasileira. Sua voz, repleta de tons de apreensão, revelou sua angústia em um solilóquio: "Onde estamos? Como podemos sobreviver nesta terra estrangeira? Como podemos cuidar dos nossos filhos? Haverá comida suficiente?" Abaixou a cabeça, com uma sensação de impotência devastadora mudando sua postura. A bisavó abraçou a filha com muita força e sussurrou fervorosamente: "Nós sempre cuidaremos de você. Nós estamos em uma situação difícil demais para voltar para casa, mas ainda temos muitos sonhos. Nós trouxemos você para esta nova terra e sua vida será melhor. Você poderá ir à escola e tornar-se uma professora". G parecia afetada por essas palavras da bisavó e as lágrimas vieram aos olhos.

Como G se afastou para assistir à reencenação como um espelho, ela expressou muita ternura por seus bisavós. Eles pareciam ser muito corajosos quando cruzaram o oceano, mas sentiram-se de fato impotentes e indefesos na nova terra. Perguntei a ela se queria conhecer seus bisavós e conversar com eles, e o rosto dela iluminou-se.

A cena foi muito emocionante, G elogiou a coragem do bisavô, seu desejo de começar de novo em uma terra estrangeira. Eles se deram as mãos e ela o tranquilizou, dizendo que estava bem e que seu pai, filho de sua avó, tinha se tornado um médico bem-sucedido. A inversão de papéis com outro significativo é uma experiência de fortalecimento que pode ajudar a ganhar perspectiva e percepção mais ricas do outro, além de facilitar a consciência de novos valores e recursos.

G perguntou ao bisavô o que ele estava carregando em sua bagagem e ele abriu a mala para mostrar à bisneta seus únicos pertences. Pegou seus queridos objetos, lembranças de um passado que não queria esquecer. Havia fotos em preto e branco, amorosamente envolvidas com uma fita de seda, um amuleto da sorte feito de coral vermelho montado em ouro, um lenço cheio até a borda com lavanda e uma toalha de mesa, belamente bordada por sua velha mãe que tinha ficado para trás na Itália. G estava profundamente comovida ao constatar o tratamento carinhoso dado a esses testemunhos do passado, pois era a única ligação com os entes queridos que tinham ficado na antiga pátria.

G, então, perguntou à sua bisavó sobre seus sonhos, e ela respondeu que gostaria de ter enviado a filha à escola, mas as dificuldades enfrentadas no momento da chegada ao novo país não tinham permitido a conclusão de seus estudos.

A bisavó perguntou a G se ela havia ido à escola e G timidamente admitiu que estava completando sua tese de doutorado. G havia sempre sentido que sua educação era como algo adquirido, mas agora percebeu que era mais que isso, era um importante legado que ela havia recebido, o de conquistar e explorar novos territórios, sejam eles intrapsíquicos, geográficos ou intelectuais. Sua lealdade invisível para com sua bisavó havia estimulado sua realização acadêmica e reparado de forma criativa os desejos de sua avó de realizar-se nos estudos.

A jovem avó pegou o amuleto da sorte revestido de ouro da mala de seu pai e apertou-o nas mãos de sua neta. "Queremos que guarde isto. Ele vai lhe trazer sorte e ajudá-la a encontrar a terra dos seus sonhos, assim como nós encontramos." O grupo levantou espontaneamente as mãos e começou a cantar a primitiva e sugestiva canção do ritual sugerido da cerimônia de adivinhação, que havia sido realizada no início da sessão como um eco de agradecimento aos antepassados. G abraçou seus bisavós e sua avó e assim fechamos com o poderoso canto "Kumbale".

Houve um compartilhamento profundo e intenso, que trouxe muitas memórias de antepassados que haviam migrado ao Brasil da Alemanha, da Itália, do Japão e de Portugal, e o reconhecimento dos atos inconscientes de reparação realizados para lidar com situações inacabadas ou heranças não resolvidas.

Como encerramento, foi realizado um último ritual que envolveu todo o grupo. Alguns participantes tornaram-se uma floresta de espíritos ancestrais, com os pés bem enraizados na terra, ao passo que outros escolheram tornar-se viajantes, vagando entre os espíritos e ouvindo as vozes de seus antepassados sussurrando novos significados ou respostas antigas.

CONSIDERAÇÕES FINAIS

O psicodrama público é uma tradição de longa data originada por J. L. Moreno, nos Estados Unidos. O potencial de trabalhar com o psicodrama transgeracional no Brasil, um país cuja história foi tão fortemente interligada com a minha própria devido à intensa migração de italianos a partir do final do século XIX, tocou-me profundamente.

O sonho de G na cena pública foi capaz de me trazer a consciência sobre os padrões invisíveis de lealdade e os atos inconscientes de reparação que precisavam ser realizados para lidar com situações não resolvidas dos antepassados.

Rituais de transformação, um elemento significativo do psicodrama transgeracional, têm o poder de sacralizar o tempo e o espaço e facilitar a integração dos legados ancestrais, proporcionando ao grupo uma linguagem comum profunda e emocional.

REFERÊNCIAS BIBLIOGRÁFICAS

Abraham, N.; Török, M. *The shell and the kernel: renewals of psychoanalysis*, v. 1. Chicago: University of Chicago Press, 1994. [*A casca e o núcleo*. São Paulo: Escuta, 1995.]

Boszormenyi-Nagy, I.; Spark, G. M. *Invisible loyalties: reciprocity in intergenerational family therapy*. Nova York: Harper & Row, 1973.

Gasseau, M.; Perrotta, L. "The Jungian approach: in situ supervision of psychodrama". In: Krall, H.; Fürst, J.; Fontaine, P. (eds.). *Supervision in psychodrama. Experiential learning in psychotherapy and training*. Wiesbaden: VS Verlag; Springer, 2012.

______."Lo psicodramma nella terza età". In: *Creatività e coraggio nel saper invecchiare*. Premedia Publishing, 2014.

Faimberg, H. *The telescoping of generations. Listening to the narcissistic links between generations*. Londres: Routledge, 2005.

Jung, C. G. *Memories, dreams, reflections*. Princeton: Princeton University press, 1961. [*Memórias, sonhos e reflexões*. Rio de Janeiro: Nova Fronteira, 1989.]

______. "The archetypes and the collective unconscious". In: *Collected works of C.G. Jung*, v. q. Princeton: Princeton University Press, 1969. ["Os arquétipos e o inconsciente coletivo". In: *Obra completa*, v. 9. São Paulo: Vozes, 2011.]

Moreno, J. L. "Interpersonal therapy and co-unconscious states: a progress report in psychodramatic theory". *Group Psychotherapy*, v. 14, n. 3-4, set.-dez. 1961, p. 234-41. ["Terapia interpessoal e estados coinconscientes: um relato de progresso na teoria psicodramática. Tradução livre de Maria Cristina Botta Fonseca para o DPSedes, jul. 2008. Disponível em: <http://www.sedes.org.br/Departamentos/Psicodrama/Terapia%20Interpessoal%20e%20Estados%20Co-Inconscientes.pdf>. Acesso em: jul. 2015.]

______. *Psychodrama*, v. 1. 4. ed. Nova York: Beacon House, 1946/1977. [*Psicodrama*. São Paulo: Cultrix, 1972.]

Perrotta, L. "Alchimia di sogni e rappresentazioni: l'osservazione nello psicodramma junghiano". In: Gasseau, M.; Bernardini, R. (eds.). *Il sogno: dalla psicologia analitica allo psicodramma junghiano*. Milão: Franco Angeli, 2009.

______. "Preface to the Italian edition". In: Schützenberger, A. A. *Le plaisir de vivre*. Paris: Payot, 2010.

______. "Introduction to the Italian edition". In: Schützenberger, A. A. *Psychogénéalogie: guérir les blessures familiales et se retrouver soi.* Paris: Payot, 2011.

______. "Transgenerational violence against women: Jungian psychodrama on the path to individuation". *Interdisciplinary Journal of Family Studies*, v. XVIII, n. 2, 2012. Disponível em: <http://journals.padovauniversitypress.it/ijfs/content/transgenerational-violence-against-women-jungian-psychodrama-path-individuation>. Acesso em: jul. 2015.

Schützenberger, A. A. *The ancestor syndrome: transgenerational psychotherapy and the hidden links in the family tree.* Londres: Routledge, 1998.

______. *Psychogénéalogie: guérir les blessures familiales et se retrouver soi* (*Psychogenealogy. Healing family wounds and finding oneself*). Paris: Payot, 2007.

Winnicott, D. W. *Playing and reality*. Londres: Routledge, 1971. [*O brincar e a realidade*. Rio de Janeiro: Imago, 1975.]

Os autores

ANDRÉ MARCELO DEDOMENICO

Médico psiquiatra pela Faculdade de Medicina de Botucatu da Universidade Estadual Paulista (FMB-Unesp). Psicodramatista pelo Departamento de Psicodrama do Instituto Sedes Sapientiae (DPSedes). Mestre em Psicologia Clínica – Núcleo de Estudos em Subjetividade – pela Pontifícia Universidade Católica de São Paulo (PUC-SP). Integrante da equipe de coordenação dos psicodramas públicos no Centro Cultural São Paulo (CCSP).

ÂNGELO BORIM

Formado em Psicologia pela Pontifícia Universidade Católica de São Paulo (PUC-SP) e em Psicodrama pelo Grupo de Estudos e Trabalhos Psicodramáticos (Getep). Ator e diretor de teatro-debate. Compõe a Companhia do Teatro Espontâneo desde 2008, ao lado de Moysés Aguiar. Dá aulas de teatro-debate a adolescentes na Coordenadoria de Ações para Juventude (Cajuv), em São Bernardo do Campo, na qual pesquisa o diálogo entre o psicodrama e outras linguagens artísticas e o aprofundamento da metodologia e aplicações do método.

ANNA MARIA KNOBEL

Psicóloga clínica, psicodramatista e professora-supervisora da Federação Brasileira de Psicodrama (Febrap). Diretora do Instituto J. L. Moreno e mestre em Psicologia Clínica pela Pontifícia Universidade Católica de São Paulo (PUC-SP). Docente do Departamento de Psicodrama do Instituto Sedes Sapientiae, nos níveis I, II e III. Autora de *Moreno em ato: a construção do psicodrama a partir das práticas* (Ágora, 2004) e de vários artigos publicados em livros e na *Revista Brasileira de Psicodrama.*

CAMILA SALLES GONÇALVES

Psicóloga clínica, psicanalista, psicodramatista e professora--supervisora na Sociedade de Psicodrama de São Paulo (SOPSP) e na Federação Brasileira de Psicodrama (Febrap). Coautora de *Lições de psicodrama: introdução ao pensamento de J. L. Moreno* (Ágora, 1988), organizadora de *Psicodrama com crianças: uma psicoterapia possível* (Ágora, 1988) e escritora de vários artigos publicados em coletâneas e na *Revista Brasileira de Psicodrama.* Professora de Filosofia pela Faculdade de Filosofia, Letras e Ciências Humanas da Universidade de São Paulo (FFLCH-USP). Mestre e doutora, autora de *História e desilusão na psicanálise de J. P. Sartre*, além de vários artigos sobre psicanálise e filosofia em diversas revistas. Membro do Departamento de Psicanálise do Instituto Sedes Sapientiae.

CARLOS S. BORBA

Bacharel em Direito pela Faculdade de Ciências Jurídicas da Pontifícia Universidade Católica de Pernambuco (PUC-PE), em 1974, e graduado em Psicologia pela Faculdade Paulistana de Ciências e Letras, em 1986. Tornou-se psicodramatista didata com foco psicoterápico pela Federação Brasileira de Psicodrama (Febrap) em 2003. Participou do Grupo de Teatro da Universidade Católica de Pernambuco (Tucap) de 1969 a 1975. Criou, com o psiquiatra Ronaldo P. T. da Costa, os métodos de Videopsicodrama (para circuitos fechados de TV) e Telepsicodrama (para circuitos abertos de TV). Desenvolveu com tais métodos, numa parceria entre a Universidade de São Paulo (USP) e a Faculdade Cásper Líbero, pesquisas com adolescentes da Escola de Aplicação da USP, juntando as linguagens da televisão e do psicodrama.

Coordenou o projeto em vídeo "Memória do Psicodrama no Brasil", da Diretoria de Divulgação e Comunicação Febrap, de 1993 a 1998. Nesse projeto, entrevistou 14 estudiosos pioneiros do psicodrama no Brasil.

Ego-auxiliar do curso de "Psicodrama dos 11 sexos", um trabalho terapêutico-educacional realizado em várias instituições; ator e ego-auxiliar do projeto Vagas Estrelas, em apresentações no Brasil e em Londres durante congresso da International Association for Group Psychotherapy and Group Processes (IAGP), em 1998.

Produziu e apresentou o vídeo "Homenagem Congresso de 1970" no XI Congresso Brasileiro de Psicodrama, em Campos do Jordão, São Paulo, em 2000. Foi diretor de Divulgação e Comunicação da Febrap, durante as gestões de 1997-98, 1999-2000 e 2001-02. Criou, com Ronaldo Pamplona e Max Alvim, o programa de TV (como desenvolvimento do método do Telepsicodrama) *Teatro da Vida*. Atende em consultório particular desde 1987.

GEORGIA VASSIMON

Pedagoga pela Pontifícia Universidade Católica de São Paulo (PUC-SP). Psicodramatista, didata e supervisora formada pelo Grupo de Estudos e Trabalhos Psicodramáticos (Getep), no qual atua como professora e coordenadora desde 1996. Mestre em Educação, na área de Antropologia Filosófica, pela Universidade Metodista de São Paulo (Umesp). Psicopedagoga pelo Instituto Sedes Sapientiae. Docente nos cursos de Psicopedagogia e de Família na Atualidade: Construindo Práticas de Atendimento, do Instituto Sedes Sapientiae, onde também é diretora. Capacitadora e supervisora de trabalhos em ONGs, em instituições públicas e privadas.

LEANDRA PERROTTA

Psicóloga clínica, psicoterapeuta junguiana, psicodramatista e instrutora em Dance Movement. Atualmente, é presidente da

Federation of European Psychodrama Training Organizations (Fepto). Foi presidente da Fepto Task Force pela Construção da Paz e Transformação de Conflitos. É professora contratada da Universitá della Valle D'Aosta. Tem como principal interesse de pesquisa os sonhos, a transmissão transgeracional e os traumas. É também habilitada em Eye Movement, Dessensibilização e Reprocessamento (EMDR). Possui formação em Literatura Inglesa e Francesa. Já dirigiu grupos de psicodrama e dançaterapia na Argentina, na Bélgica, no Brasil, na Croácia, no Egito, na França, na Alemanha, na Grécia, na Inglaterra, na Irlanda, em Israel, na Itália, na Jordânia, na Noruega, na Palestina, na Polônia, em Portugal, na Romênia, na Sérvia, na Eslovênia, na Espanha, na Suécia, na Suíça, na Escócia, na Turquia, na Ucrânia e nos Estados Unidos.

MARÍA CARMEN BELLO (YUYO)

Uruguaia, reside no México desde 1979. Psicóloga pela Facultad de Humanidades da Universidad de la República (UdelaR), no Uruguai. Mestre em Psicologia Clínica pela Universidad Nacional Autónoma del México (Unam). Diretora e professora-supervisora de Psicodrama pelo Instituto Moreno da Argentina. Cofundadora e codiretora, com Jaime Winkler, da Escuela Mexicana de Psicoterapia y Sociometría. Professora de Psicodrama da Associación Mexicana de Psicoterapia Analítica de Grupo. Sociometrista, coordenadora de grupos de sociodrama em instituições, empresas, escolas e comunidades e autora de vários livros sobre psicodrama clínico e pedagógico, sociodrama comunitário, psicoterapia psicodramática nas instituições e cinedrama.

MARIÂNGELA PINTO DA FONSECA WECHSLER

Psicóloga e doutora em Psicologia Escolar pela Universidade de São Paulo (USP). Psicodramatista, didata e supervisora pela Federação Brasileira de Psicodrama (Febrap), com foco socioeducacional e psicoterápico. Coordenadora-geral do Departamento de Psicodrama do Instituto Sedes Sapientiae (DPSedes – gestão 2015-17) e professora de Psicodrama no DPSedes e no convênio entre a Sociedade de Psicodrama de São Paulo (SOPSP) e a Pontifícia Universidade Católica de São Paulo (PUC-SP). Professora convidada no Curso de Especialização em Psicologia da Infância promovido pelo setor de saúde mental do departamento de pediatria da Universidade Federal de São Paulo (Unifesp). Especialista em Terapia Familiar pela Universidade Federal de São Paulo (Unifesp). Participante da coordenação do projeto Psicodrama Público no Centro Cultural São Paulo (CCSP) desde 2004. Membro da diretoria de Ensino e Ciência da Febrap, como coordenadora do Núcleo de Pesquisa nas gestões de 2003 a 2006. Autora de livros e de artigos publicados em revistas especializadas. Atende crianças, adultos, famílias e grupo em consultório de psicoterapia.

MARIO BUCHBINDER

Médico, psicanalista, psicodramatista e poeta. Fundador e diretor, com Elina Matoso, do Instituto de La Máscara. Autor de *Mapas del cuerpo: mapa fantasmático corporal* (Letra Viva, 2012), *Poética del desmascaramiento: caminos de la cura* (Planeta, 1993) – traduzido para o português, *A poética do desmascaramento: os caminhos da cura* (Ágora, 1996), entre outras publicações. Diretor da coleção "Cuerpo, Arte y Psicoanálisis", do Editorial Letra Viva. Autor e diretor de obras de teatro de máscaras. Autor dos livros de teatro *El pátio*, *Siempre te esperaré* e *Amor clandestino*; livros de poesia *Luz de obsidiana* – também publicado na França com o nome *Lumière d'obsidienne* – e *Mar de Molino*; e compilador de antologia de poesia argentina, entre outros. Professor convidado da Universidad de Buenos Aires e de outras universidades. Professor titular na Universidad Abierta Interamericana. Ministra aulas teóricas e práticas na Argentina e em outros países, como Chile, Colômbia, Cuba,

Brasil, México, Uruguai, Espanha, Estados Unidos, Finlândia, Itália, Rússia e Suíça.

MOYSÉS AGUIAR

Psicólogo, especialista em Psicodrama e Psicologia de Arte e professor-supervisor pela Federação Brasileira de Psicodrama (Febrap). Diretor da Companhia do Teatro Espontâneo. Autor e tradutor de vários livros na área de Psicodrama e das Ciências Humanas.

PEDRO MASCARENHAS

Médico, psiquiatra, psicodramatista e psicanalista. Coordenador de ensino do curso de Psicodrama da Sociedade de Psicodrama de São Paulo (SOPSP) em parceria com a Pontifícia Universidade Católica de São Paulo (PUC-SP), gestão 2013 a 2015; membro do grupo de coordenação dos Psicodramas Públicos no Centro Cultural São Paulo, desde 2004; membro do Departamento de Psicanálise do Instituto Sedes Sapientiae. Autor de vários artigos publicados, atua em clínica psicoterápica individual e grupal desde 1973.

REGINA FOURNEAUT MONTEIRO (RÉO)

Psicóloga formada pela Faculdade de Filosofia, Ciências e Letras Sedes Sapientiae, da Pontifícia Universidade Católica de São Paulo (PUC-SP) em 1966. Especializou-se em Psicologia Clínica na Clínica Sedes Sapientiae, em 1968. Psicodramatista credenciada pela Associación Argentina de Psicodrama y Psicoterapia de Grupo (AAPPG). Professora, supervisora e terapeuta pela Federação Brasileira de Psicodrama (Febrap). Pioneira em trabalhos com grandes grupos, realizou mais de 60 psicodramas públicos, tanto em grandes auditórios como em praças e ruas de São Paulo. Membro do grupo de coordenação responsável pela realização dos Psicodramas Públicos no Centro Cultural São Paulo, desde 2004, e coordenadora do grupo de 2011 a 2013. Autora dos livros *Jogos dramáticos* (Ágora, 1994) e *O lúdico nos grupos* (Ágora, 2012) e organizadora dos livros *Técnicas fundamentais do psicodrama* (Ágora, 1998) e *Psicodrama em espaços públicos – Práticas e reflexões*" (Ágora, 2014), com Mariângela Pinto da Fonseca Wechsler. Também escreveu diversos artigos publicados em livros e revistas especializadas.

RONALDO PAMPLONA DA COSTA

Médico pela Universidade Federal do Paraná (UFP), em 1966, onde também concluiu sua residência em clínica médica, de 1967 a 1969. Psiquiatra pela Universidade de São Paulo (USP), em 1972. Psicoterapeuta em Psicodrama pela Sociedade de Psicodrama de São Paulo, em 1974. Terapeuta de alunos e supervisor pela Federação Brasileira de Psicodrama (Febrap), em 1980. Sexólogo pelo Instituto H. Elis de São Paulo, em 1982. Com o psicólogo Carlos Borba, criou os métodos de Videopsicodrama (para circuitos fechados de TV) e Telepsicodrama (para circuitos abertos de TV). Desenvolveu com tais métodos, numa parceria entre a USP e a Faculdade Cásper Líbero, pesquisas com adolescentes da Escola de Aplicação da USP, juntando as linguagens da televisão e do psicodrama.

Autor e coautor de sete livros sobre psicodrama e sexualidade, sendo *Os onze sexos – As múltiplas faces da sexualidade humana* (Kondo, 2005) o mais conhecido e indicado por profissionais em escolas e cursos de especialização. Professor de Psicodrama e de Sexualidade em cursos de especialização dessas matérias.

Foi consultor do Conselho Federal de Medicina na questão da liberação da cirurgia de transexuais no Brasil. Diretor de psicodrama com grandes grupos em espaços públicos e privados. Criador, com Carlos Borba e Max Alvim, do programa de TV (com o método do Telepsicodrama) *Teatro da Vida*. Autor dos capítulos "The arrival of psychodrama in Brazil" e "Video-psychodrama and tele-psychodrama", publicados em *Sambadrama: the arena of Brazilian psychodrama*, organizado por Figusch Zoltan e Jessica Kingsley Publishers (Inglaterra e EUA, 2006). Conselheiro do Instituto Kaplan. Já atuou como professor convidado em diversos cursos em universidades brasileiras. Atua em clínica psicoterápica individual e grupal desde 1972.

URSULA HAUSER

Formada em Pedagogia pela Universidade de Zurique, em 1967, e em Psicologia e em Psicanálise pela mesma universidade em 1974, com o trabalho *Teorias de socialização - Um enfoque psicanalítico.* Doutora em Psicologia com a tese *Mulheres em caminho: vida de mulheres em mudanças políticas - um estudo etnopsicanalítico com mulheres nicaraguenses durante 1981-84*, pela Universidade de Klagenfurt/Áustria (1994).

Também é psicoterapeuta de grupos, formada em Psicodrama psicanalítico pelo Instituto Moreno, em Boston (EUA), Ueberlingen (Alemanha) e Zurique (Suíça), em 1978. Formação em grupo operativo (1971-76) com Armando Bauleo, em Zurique.

Em 2012, foi criada a Fundação Ursula Hauser, na Suíça, com sucursal na Costa Rica. Em 2014, a autora recebeu da Associação Suíça de Psicologia Aplicada (Sbap) um prêmio pelo seu trabalho em diversos países. Já foi publicada em alemão, espanhol, inglês e francês. Em fevereiro de 2015, lançou a segunda edição do livro *Entre a violência e a esperança* durante a Feira Internacional do livro, em Havana, Cuba.

É membro participante das seguintes associações:

- PSZ (Seminário Psicanalítico de Zurique/Suíça);
- Instituto Moreno (Ueberlingen/Alemanha);
- International Association for Group Psychotherapy and Group Processes (IAGP);
- Colégio de Psicólogos de Costa Rica;
- Associação de Psicanálise e Psicologia Social (Aspas);

- Associação de Psicodrama, Sociometria e Teatro Espontâneo de Costa Rica (Asiste C.R.);
- Instituto Costa-riquense de Psicodrama Psicoanalítico (Icopsi);
- Sociedade Cubana de Psicologia (membro de honra);
- Sociedade Suíça de Psicodrama (membro de honra);
- Fórum dos Congressos Ibero-americanos de Psicodrama;
- Plataforma Internacional (1969-89).

leia também

FUNDAMENTOS DO PSICODRAMA

J. L Moreno e Zerka Toeman Moreno

Nesta obra seminal de Moreno, o pai do psicodrama realiza uma série de conferências para médicos, psiquiatras, sociólogos, psicólogos e professores universitários de todas as partes do mundo e depois recebe comentários sobre suas ideias. Aqui ele delineia seus conceitos fundamentais, como o de espontaneidade, tele, jogo de papéis, ego-auxiliar etc. Fundamental para estudantes e profissionais de psicodrama.

REF. 20082 ISBN 978-85-7183-082-0

PSICODRAMA EM ESPAÇOS PÚBLICOS

Mariângela Pinto da Fonseca Wechsler e Regina Fourneaut Monteiro (orgs.)

Nesta obra estão reunidos especialistas em grandes grupos para compartilhar suas experiências em espaços públicos. Teoria e prática se entrelaçam de forma didática, fornecendo ferramentas inestimáveis para todos os que pesquisam a área ou trabalham nela. O objetivo é transformar a comunidade e os psicodramatistas em agentes sociais, atores e autores de seus caminhos.

REF. 20136 ISBN 978-85-7183-136-0

TÉCNICAS FUNDAMENTAIS DO PSICODRAMA

Regina Fourneaut Monteiro (org.)

Um time de primeira linha de médicos e psicólogos com intimidade com as técnicas psicodramáticas esclarece e atualiza as propostas terapêuticas de J. L. Moreno. Aos "iniciados", oferece a descoberta de novas possibilidades na área; aos "iniciantes", um mundo novo de insuspeita criatividade.

REF. 20648 ISBN 978-85-7183-648-8

Grupo Summus
www.gruposummus.com.br
www.gruposummus.com.br
Acesse, conheça o nosso catálogo e cadastre-se para receber informações sobre os lançamentos.

www.gruposummus.com.br

IMPRESSO NA

GRÁFICA sumago

sumago gráfica editorial ltda
rua itauna, 789 vila maria
02111-031 são paulo sp
tel e fax 11 2955 5636
sumago@sumago.com.br